Sekundarstufe

Holger Cebulla

Stationenlernen Kolonialismus

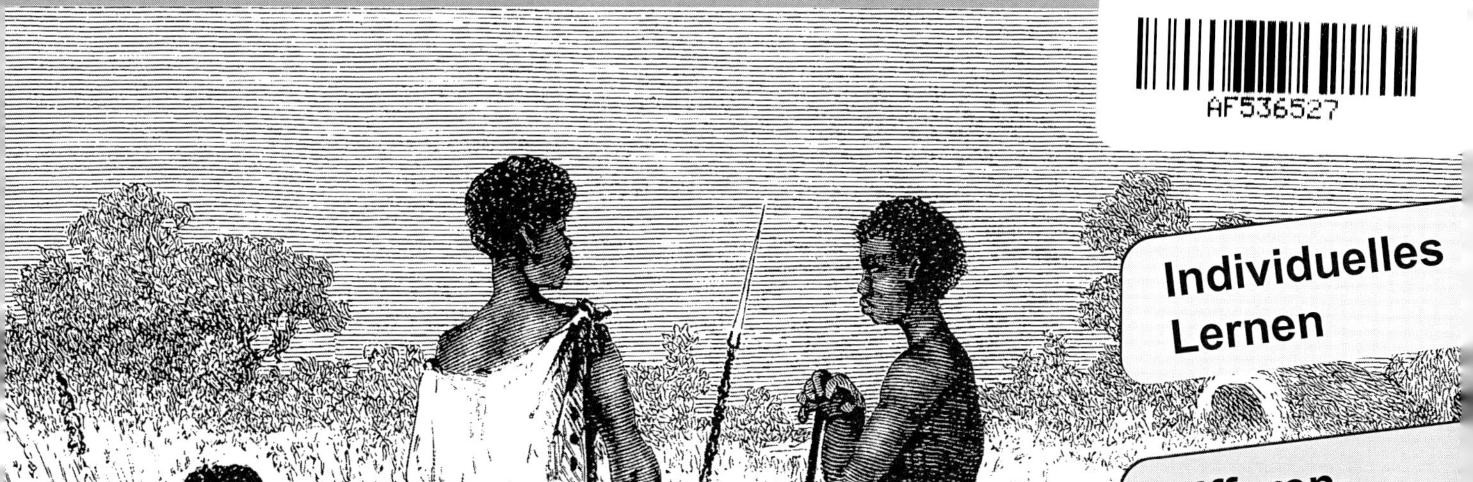

Individuelles Lernen

Differen-zierend

Motivierend

- Übersichtliche Aufgabenkarten
- Schnelle Vorbereitung
- Mit Lösungen zur Selbstkontrolle

Stationenlernen Kolonialsimus

Sekundarstufe

1. Auflage 2022

Inhalt: Holger Cebulla
Redaktion: Kohl-Verlag

Umschlagbild: © Erica Guilane-Nachez - AdobeStock.com
Redaktion: Kohl-Verlag
Grafik & Satz: Kohl-Verlag
Druck: farbo prepress GmbH, Köln

Bestell-Nr. 12 786

ISBN: 978-3-98558-182-5

Bildquellen © AdobeStock.com

S. 5: © Pixxsa; **S. 13:** © pepebaeza; **S. 14:** © Falko Göthel; **S. 23/24/67/72/73:** © Archivist; **S. 26:** © Tony Baggett; **S. 30:** © Juergen; **S. 34:** © Andrea Izzotti; **S. 35:** © Juulijs; **S. 36:** © juliartblog; **S. 37:** © lightprints, gors4730; **S. 38:** © Guten Morgen, zabanski; **S. 39:** © Yaroslav; **S. 41:** © pixelheadphoto; **S. 45:** © anni94; **S. 46:** © poco_bw; **S. 47:** © antiqueimages; **S. 53:** © Artalis-Kartographie; **S. 54:** © Ruslan; **S. 58:** © Torsten Pursche; **S. 59:** © Andrey Popov; **S. 60:** © novian; **S. 61:** © Ju PhotoStocker; **S. 62:** © Ali Magsi; **S. 63:** © Travel mania; **S. 64:** © Stockwerk-Fotodesign, PhotoSG, tarikdiz; **S. 68:** © Franz Pfluegl; **S. 70:** © hodagmedia; **S. 71:** © faberfoto; **S. 77:** © phokrates; **S. 78:** © hkama, Mitch; **S. 79:** © Daisy Daisy

Wikipedia:

S. 7: © Gepgepgep; **S. 8:** © big_Astronaut photograph ISS008-E-21752; **S. 9:** © Ad Mesken; **S. 10:** © Bukvoed; **S. 11:** © Ziegelbrenner; **S. 12:** © Hans Weingartz; **S. 16:** © Marco Zanoli; **S. 18:** © S. Bollmann; **S. 20:** © Dietrich Bartel; **S. 29:** © Andrei nacu; **S. 32:** © Kevin Dooley; **S. 40:** © Exa; **S. 43/44:** © Bundesarchiv; **S. 57:** © Radio24; **S. 69:** © Oberwolfach Photo Collection; **S. 80:** © FDominec

Inhalt

Stationenlernen KOLONIALISMUS
Sekundarstufe – Bestell-Nr. 12 786

Einsatz der Materialien

Liebe Kolleginnen und Kollegen,

in diesem Buch werden die einzelnen Phasen des Kolonialismus beschrieben, beginnend bei den Griechen bis hin zum Erwerb von Kolonien durch das Deutsche Kaiserreich. Dargelegt wird auch, welche unterschiedlichen Gründe es für Kolonialismus gab und welche Voraussetzungen für die jeweiligen Phasen gegeben sein mussten.

Erst zu Beginn des 19. Jahrhunderts wurden Kolonien nach und nach unabhängig, es kam zu einer Dekolonisation. Allerdings entstand nun eine neue Form des Kolonialismus, als Neokolonialismus bezeichnet. D. h. die ehemaligen Kolonien gerieten in Abhängigkeit von Multinationalen Konzernen. Erst durch die Globalisierung ergaben sich für ehemals koloniale Länder mehr Möglichkeiten eigener Unabhängigkeit. Ein Schwerpunkt der Aufgabenstellungen bezieht sich auf die Ursachen und Hintergründe dieser Entwicklungen.

Im zweiten Teil des Buches wird der Zusammenhang zwischen Kolonialismus, Rassismus und Sklavenhaltung erörtert. In welchen Formen Rassismus und „moderne“ Sklavenhaltung auch heute noch existieren, behandeln die beiden letzten Stationen.

Dieses Buch soll zum allgemeinen Verständnis des Kolonialismus beitragen. Da Kolonialismus fast immer mit Geringschätzung und Abwertung anderer Völker zusammenhing, hofft der Autor auch, dass durch dieses Verständnis heutige Ausländerfeindlichkeit infrage gestellt und überwunden werden kann.

Stationen:

Die Stationskarten enthalten bewusst keine Nummerierung, um einen flexiblen Einsatz zu gewährleisten. So kann jeder selbst entscheiden, welche Stationen er bearbeiten möchte. Dies können Stationen aus einem Bereich sein, ebenso gut können jedoch Stationskarten aus allen Bereichen vermischt werden. Nach Belieben können Sie die Stationen auch nummerieren, um den Schülern die Zuordnung zu erleichtern. Die Stationen können in Einzel-, Partner- oder Kleingruppenarbeit erarbeitet werden, je nach Vorliebe der Lehrperson bzw. der Klasse.

Differenzierung der Aufgaben:

Innerhalb der Bereiche gibt es drei Schwierigkeitsstufen zur Differenzierung.

⊙ = grundlegendes Niveau

! = mittleres Niveau

✶ = erweitertes Niveau

- Die Aufgaben zum *grundlegenden Niveau* sollten von allen Schülern bearbeitet werden.
- Aufgaben mit *mittlerem Niveau* bieten Erweiterungen und höhere Anforderungen als das grundlegende Niveau.
- Die Aufgaben des *erweiterten Niveaus* sind sogenannte Expertenaufgaben und enthalten vertiefende oder weiterführende Inhalte.

Je nach Leistungsstand können Sie jedoch problemlos Stationen anders kennzeichnen.

Einsatz der Materialien

Lösungen:

Wer die Aufgaben der Schüler korrigiert, hängt zum einen von der Lerngruppe und zum anderen von den Vorlieben des unterrichtenden Lehrers ab. So kann dieser die Verbesserung der Schüleraufgaben selbst übernehmen, oder diese Aufgabe in die Verantwortung der Schüler übergeben. In diesem Fall haben Sie die Möglichkeit, die Karten einfach auszuschneiden und zu laminieren. Die passende Lösung befindet sich dann direkt auf der Rückseite der Aufgabe. Das fördert die einfache Selbstkontrolle. Alternativ können Sie die Seiten jedoch auch kopieren und die Lösungen, für die Schüler erkenntlich markiert, an einem anderen Ort positionieren.

Die Lösungsvorschläge beinhalten keine „Abhak-Lösungen". Sie bieten zusätzliche Informationen, die vor allem für die interessierteren Schüler interessant sein könnten.

Nach dieser kurzen Einführung wünschen Ihnen viel Spaß beim Einsatz der Materialien
Ihr Team des Kohl-Verlags und

Holger Cebulla

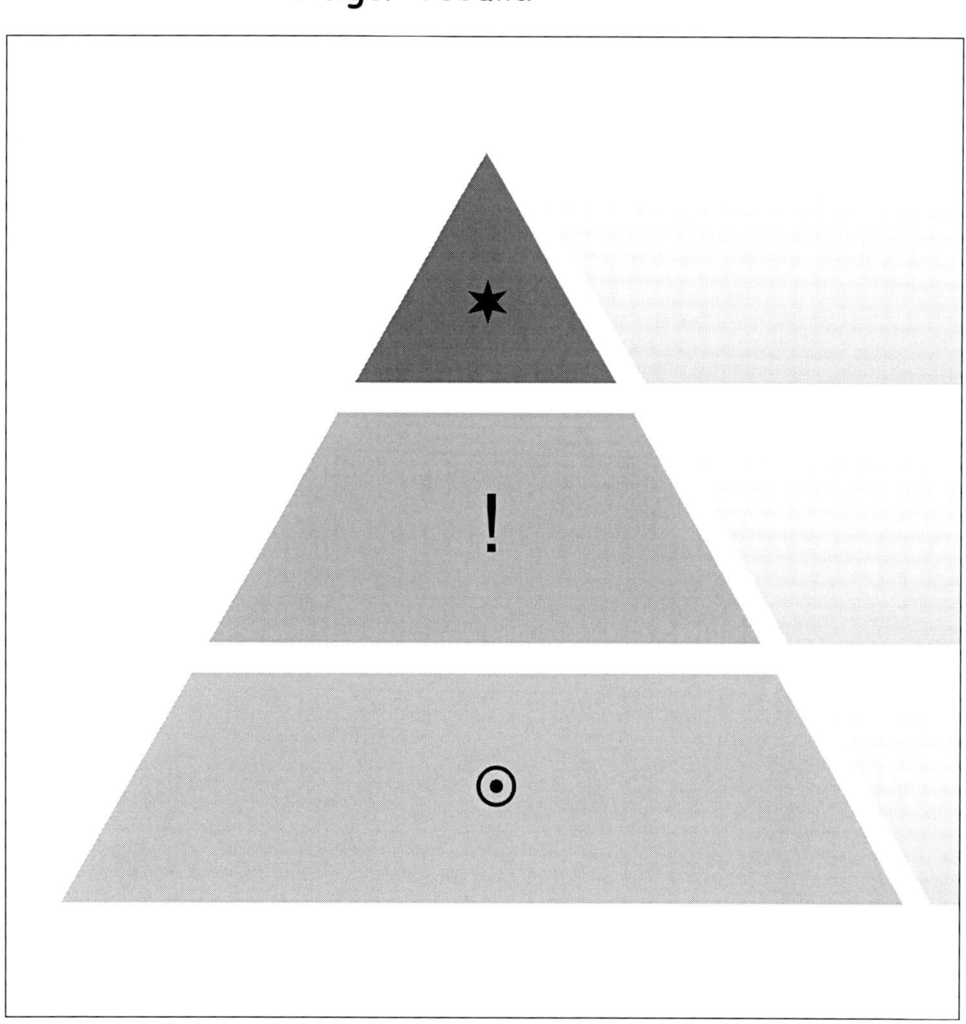

Symbole:  ! Mittleres Niveau 

 Schreibe in dein Heft/Ordner

Name: ______________________________ Datum: _____________

Stationen-Laufzettel

◉ Grundlegendes Niveau

Station	Stationsname	erledigt	korrigiert

!

Station	Stationsname	erledigt	korrigiert

✶ Erweitertes Niveau

Station	Stationsname	erledigt	korrigiert

Was man unter Kolonialismus versteht 

Aufgabe 1: *Fülle die Lücken mit den passenden Wörtern aus.*

Warenverkehr – Mittelmeer – Ackerflächen – Ansiedlung – Auseinandersetzungen – Kultur – Handel – Hungersnöten – Heimatregion – Wälder – Griechen – eigenständige – Umgebung

Kolonialismus ist ein Begriff aus der lateinischen Sprache. Darunter verstand man eine ____________________ bzw. Niederlassung von Menschen außerhalb ihrer ________________________. Die ersten Kolonisten waren die _______________. Seit dem 8. Jahrhundert v. Chr. nahm in Griechenland die Bevölkerung stark zu. So konnten die ________________________ die Menschen schließlich nicht mehr ernähren. Hinzu kam, dass für den Bau von Schiffen, um Handel zu betreiben, viele ____________ abgeholzt worden waren. Ackerboden wurde so nicht mehr durch die Wurzeln der Bäume gehalten und durch Regen weggespült. Es kam zu ________________________.

Viele Griechen verließen daher ihre Heimat und gründeten neue Siedlungen, vor allem am ____________________. Diese Kolonien entstanden meist in Gebieten, in denen wenig „Einheimische" lebten. So kam es selten zu ______________________________________ mit der dortigen Bevölkerung. Es entwickelten sich __________________________ neue Städte, in denen zwar die griechische ____________ und Sprache praktiziert wurden, in denen aber gleichzeitig die Einflüsse der neuen _______________ zum Tragen kamen. Eine bedeutende Niederlassung war beispielsweise Byzanz am Bosporus (= heute Istanbul). Bald entstand zwischen den Kolonien und den Städten, aus denen die Siedler kamen, ein blühender ____________, Absatzmärkte für neue Produkte wurden so geschaffen. Ein einheitliches Münzsystem kam dabei dem ________________________ zugute.

Stationenlernen KOLONIALISMUS
Sekundarstufe – Bestell-Nr. 12 786
KOHL VERLAG

Was man unter Kolonialismus versteht

Lösungen

Aufgabe 1: Kolonialismus ist ein Begriff aus der lateinischen Sprache. Darunter verstand man eine Ansiedlung bzw. Niederlassung von Menschen außerhalb ihrer Heimatregion. Die ersten Kolonisten waren die Griechen. Seit dem 8. Jahrhundert v. Chr. nahm in Griechenland die Bevölkerung stark zu. So konnten die Ackerflächen die Menschen schließlich nicht mehr ernähren. Hinzu kam, dass für den Bau von Schiffen, um Handel zu betreiben, viele Wälder abgeholzt worden waren. Ackerboden wurde so nicht mehr durch die Wurzeln der Bäume gehalten und durch Regen weggespült. Es kam zu Hungersnöten.

Viele Griechen verließen daher ihre Heimat und gründeten neue Siedlungen, vor allem am Mittelmeer. Diese Kolonien entstanden meist in Gebieten, in denen wenig „Einheimische" lebten. So kam es selten zu Auseinandersetzungen mit der dortigen Bevölkerung. Es entwickelten sich eigenständige neue Städte, in denen zwar die griechische Kultur und Sprache praktiziert wurden, in denen aber gleichzeitig die Einflüsse der neuen Umgebung zum Tragen kamen. Eine bedeutende Niederlassung war beispielsweise Byzanz am Bosporus (= heute Istanbul). Bald entstand zwischen den Kolonien und den Städten, aus denen die Siedler kamen, ein blühender Handel, Absatzmärkte für neue Produkte wurden so geschaffen. Ein einheitliches Münzsystem kam dabei dem Warenverkehr zugute.

Istanbul (= Byzanz) am Bosporus

Was man unter Kolonialismus versteht

Aufgabe 2: *Beschreibe die Gründe, warum Griechen ihre Heimatregionen verließen.*

Aufgabe 3: *Griechische Kolonien wurden vor allem am Mittelmeer gegründet. Was meinst du, warum sind Kolonien vor allem hier entstanden?*

Aufgabe 4: *Stelle dir einmal vor, du wärest ein Bauer in Griechenland, würdest sehr häufig wegen der schlechten Ernten Hunger leiden und überlegtest daher, in eine Kolonie auszuwandern. Welche Probleme hättest du dabei zu bewältigen?*

So wurden mit Flüssigkeiten gefüllte Amphoren auf einem geruderten Schiff am Rumpf gepolstert und angebunden.

Stationenlernen KOLONIALISMUS
Sekundarstufe – Bestell-Nr. 12 786

Was man unter Kolonialismus versteht

Lösungen

Aufgabe 2: Die Bevölkerungszahl war stark gestiegen. Die Landwirtschaft konnte die Menschen so kaum noch ernähren. Viele Wälder waren abgeholzt worden, mit deren Holz Schiffe gebaut wurden, um Handel zu betreiben. So entstand eine Verödung des Ackerbodens mit der Folge von niedrigeren Erträgen. Daher kam es immer wieder zu Hungersnöten.

Aufgabe 3: Hier gab es Gebiete, die kaum von Einheimischen besiedelt waren. Über das Meer konnte leicht per Schiff mit dem Mutterland Handel betrieben werden, so entstanden neue Absatzmärkte. Dem Handel kam zugute, dass in den Kolonien das gleiche Münzsystem galt wie in Griechenland. Der Lebensstandard der Neusiedler wurde so gesichert, auch die Einheimischen profitierten davon. So kam es kaum zu Auseinandersetzungen mit diesen.

Aufgabe 4: Individuelle Antworten, beispielsweise:

Du würdest überlegen, ob du allein auswanderst oder deine Familie mitnimmst. Wie kannst du dir das Geld beschaffen, das du für die Reise zu der Kolonie brauchst? Willst du allein die Reise auf dich nehmen oder das mit einer Gruppe anderer Aussiedler tun? Was solltest du auf die Reise mitnehmen? Woher bekommst du halbwegs verlässliche Informationen, wie das Leben in den Kolonien aussieht? Wirst du dort deinen Lebensunterhalt mit deinen beruflichen Qualifikationen bestreiten können? Zu welchem Zeitpunkt solltest du aufbrechen?

Kolonien des Römischen Reichs

Kolonien des Römischen Reichs entstanden ab dem ersten Jahrhundert nach Christus. Es waren geplant angelegte Siedlungen häufig in Gebieten, die im Krieg erobert worden waren. Diese Kolonien waren anfänglich meist militärische Vorposten zur Kontrolle der ursprünglichen Bevölkerung, aber diese wurde i. d. R. bald an der Siedlung beteiligt. Später erhielten hier vor allem Soldaten des Römischen Heeres Land als Abfindung für ihre Dienste.

Die Kolonisten förderten auch die Wirtschaftsentwicklung und den Handel. Dabei war es ihnen wichtig, die einheimische Führungsschicht in den Territorien für sich zu gewinnen. Das gestaltete sich einfach, denn die „Barbaren" waren sehr angetan von den Annehmlichkeiten der römischen Zivilisation. So nahm die ursprüngliche Bevölkerung bald die römischen Sitten und Traditionen an.

In Deutschland sind viele Städte, die heute am Rhein und an der Donau liegen, ursprünglich römische Kolonien gewesen. Archäologen haben dort Überreste aus dieser Zeit gefunden.

Aufgabe 1: *Nenne mindestens 5 Orte in Deutschland, die als römische Kolonien entstanden.*

Aufgabe 2: *In welchen Gebieten wurden von den Römern Kolonien angelegt und welche Funktion hatten diese zu Anfang?*

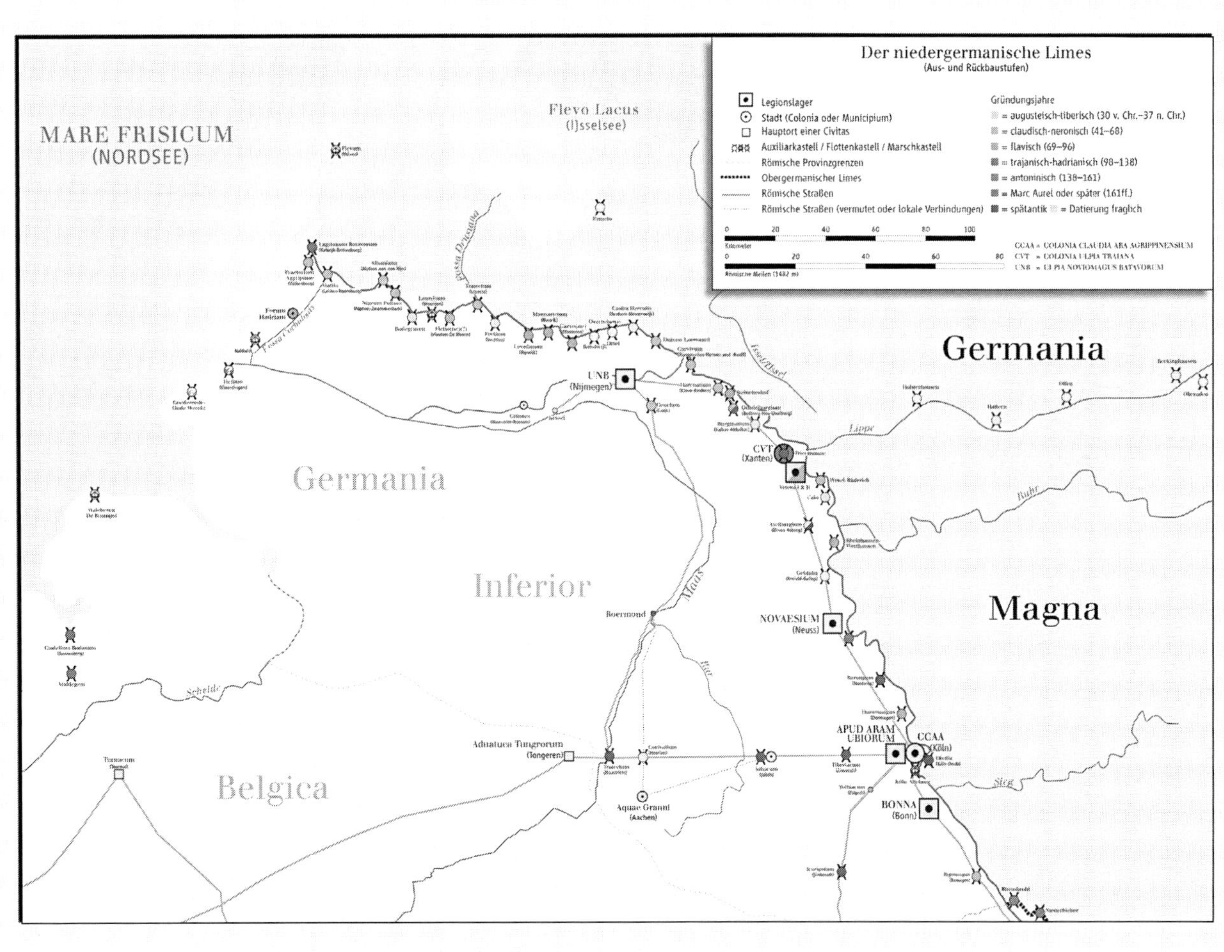

Kolonien des Römischen Reichs

Lösungen

Aufgabe 1: Zu diesen Orten zählen u. a.: Andernach, Bonn, Koblenz, Köln, Mainz, Neuss, Speyer, Trier, Worms, Xanten.

Aufgabe 2: In Gebieten, die Rom in Kriegen erobert hatte, wurden militärische Vorposten angelegt, um die dort lebende Bevölkerung zu kontrollieren. Erst allmählich siedelten sich auch römische Bürger an, vor allem ehemalige Soldaten des Römischen Heeres, die für ihre Dienste hier Land bekamen. Die einheimische Bevölkerung wurde meist an der Besiedlung beteiligt.

Ein Modell des römischen Legionslagers, welches in Bonn bestand

Kolonien des Römischen Reichs

Aufgabe 3: *Vergleiche die Gründe der Griechen, Kolonien anzulegen, mit denen der Römer. Führe die Unterschiede an.*

Aufgabe 4: *Wie schafften es die römischen Kolonisten, die einheimische Bevölkerung für sich zu gewinnen?*

Aufgabe 5: *Informiere dich im Netz, wie die Germanen lebten, bevor die Römer in ihrem Land Kolonien errichteten. Beschreibe stichwortartig deren Lebensweise.*

Gladiatorenkämpfe

Stationenlernen KOLONIALISMUS
Sekundarstufe – Bestell-Nr. 12 786
KOHL VERLAG

Kolonien des Römischen Reichs

Lösungen

Aufgabe 3: Die Griechen legten ihre Kolonien in wenig besiedelten Gebieten im eigenen Land an, die Römer hingegen in von ihnen im Krieg eroberten, also fremden Ländern. Diese Kolonien dienten anfangs dazu, die hier lebende einheimische Bevölkerung zu kontrollieren. Bei den Griechischen Kolonien wurde die einheimische Bevölkerung nicht kontrolliert oder unterdrückt, sondern schnell wuchs deren Kultur und die der Neusiedler zusammen. Sowohl bei den Griechen als auch bei den Römern förderten die Kolonisten die Wirtschaftsentwicklung und den Handel.

Aufgabe 4: Die einheimische Bevölkerung, vor allem deren Führungsschicht, war sehr angetan von den Annehmlichkeiten der römischen Zivilisation. Beispielsweise entstanden in den neuen Städten Thermen und Bäder, der Handel mit Rom brachte viele neue Produkte dorthin, es gab Vergnügungsmöglichkeiten, z. B. Spiele im Circus. Daher bekamen die römischen Sitten, Traditionen und Werte schnell allgemeine Gültigkeit.

Aufgabe 5: Germanen wohnten meist mit der ganzen Familie und ihren Tieren, z. B. Rindern und Schafen, in großen langen Häusern. Ihre Dörfer waren von Zäunen umgeben. Anders als bei anderen Völkern war es bei den Germanen üblich, dass ein Mann nur eine Frau hatte und nicht mehrere. Die meisten Germanen waren Bauern. Sie kannten schon das Rad und den Pflug, aber kein Geld. Es gab auch Handwerker, z. B. Schmiede. Alle freien Männer entschieden gemeinsam in der Dorfversammlung, dem Thing, über wichtige Fragen, den Stamm betreffend. Frauen, Knechte, Gefangene und Sklaven durften nicht mitbestimmen.

Germanisches Langhaus

Der „Drang nach Osten“ ⊙

Ab Mitte des 12. Jahrhunderts wuchs die Bevölkerung in Mitteldeutschland von etwa vier auf zwölf Millionen an. Ursächlich für diesen Anstieg der Bevölkerung waren bessere Erträge der Landwirtschaft u. a. bedingt durch die Dreifelderwirtschaft. So drängten sich nun immer mehr Menschen auf der gleichen Fläche in Mitteldeutschland, wohingegen die Gebiete östlich von Elbe und Saale bis nach Estland hinein nur spärlich besiedelt waren. Die Landesherren hier besaßen zwar viel Land, dieses war jedoch in weiten Teilen nicht urbar gemacht und erbrachte somit kein Einkommen für sie. Sie warben daher mit Privilegien um freiwillige Neusiedler. Diesen versprachen sie, dass sie Abgaben erst nach einer bestimmten Zeit zahlen brauchten und der gepachtete Landbesitz vererbt werden durfte. Von diesen Vergünstigungen profitierten die Landbesitzer natürlich mit einer zeitlichen Verzögerung selbst, indem sie überhaupt Einnahmen aus dem Land erzielen konnten, das zuvor brachgelegen hatte.

So wurden viele Bauern und Handwerker zu einer Auswanderung in die neuen Siedlungsgebiete im Osten ermutigt, was als „Drang nach Osten“ bezeichnet wurde. Die Neusiedler brachten nicht nur ihre Sitten und ihre Sprache mit, sondern auch neue technische Geräte, insbesondere für die Landwirtschaft, und neues Wissen im Handwerk. So erfolgte ab dem 14. Jahrhundert ein wirtschaftlicher Aufschwung in den Ostgebieten und neue Dörfer und Städte entstanden bzw. schon vorhandene wurden ausgebaut. Der Katholischen Kirche ging es bald um eine Christianisierung der dort lebenden „heidnischen“ Bevölkerung. Vor allem der Deutsche Ritterorden hatte dieses Ziel und spielte bei der Kolonialisierung eine entsprechende Rolle.

Die Ostsiedlungsbewegung war eine Aktion, von der fast alle Beteiligten profitierten: Die Landesherren bekamen neue Untertanen, urbar gemachtes Land und mehr Einkünfte, die diese an sie zahlen mussten. Die Neusiedler bekamen große Ackerflächen, die vererbt werden durften. Die wirtschaftliche Lage der Einheimischen verbesserte sich erheblich und sie erhielten i. d. R. auch die gleichen Rechte wie die Neusiedler.

Aufgabe 1: **a)** *Notiere die Gründe für den „Drang nach Osten“.*

b) *Welche Gruppen profitierten vor allem von der Ostbesiedelung?*

Aufgabe 2: *Die Besiedelung neuer Gebiete durch die Römer erfolgte in anderer Weise als die Besiedelung der Ostgebiete.*
Notiere die Unterschiede!

Stationenlernen KOLONIALISMUS
Sekundarstufe – Bestell-Nr. 12 786

Der „Drang nach Osten“

Lösungen

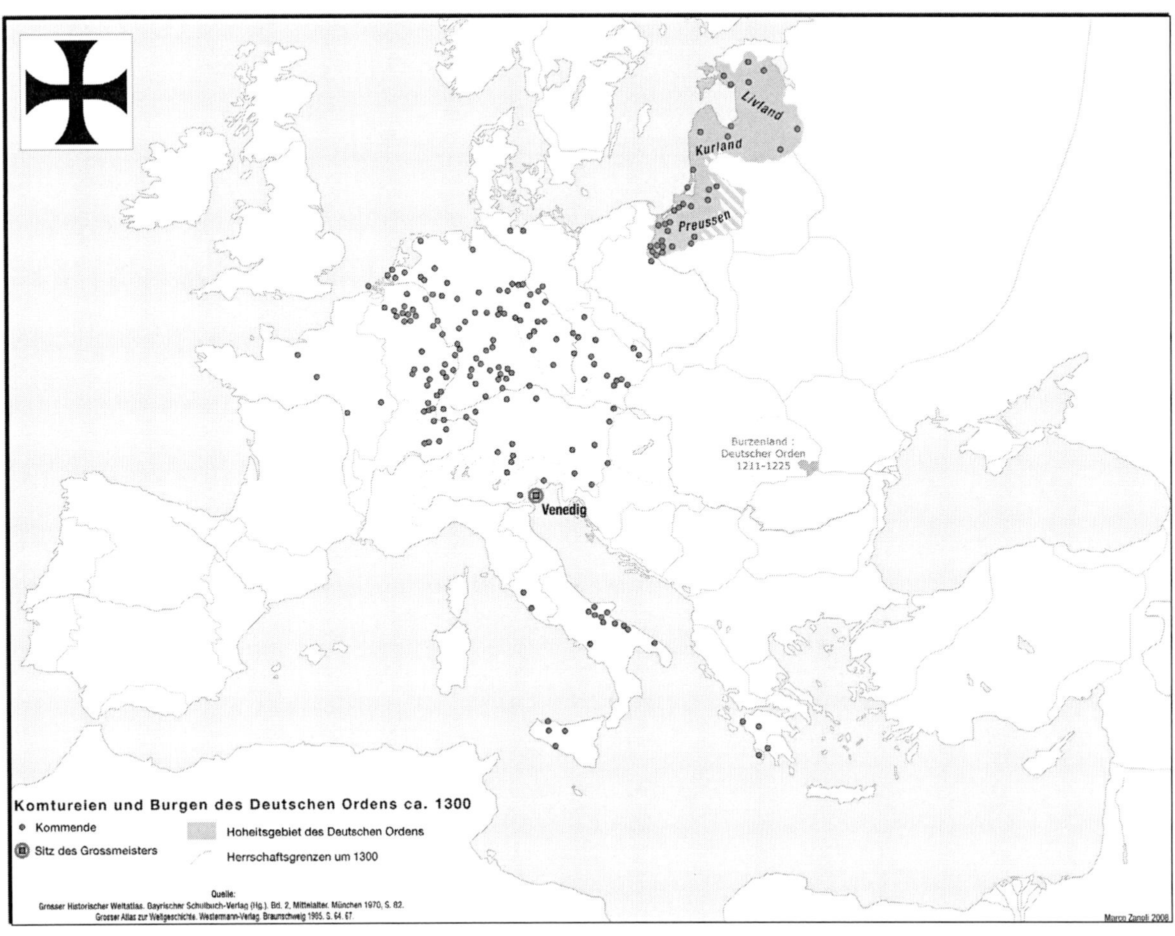

Aufgabe 1: **a)** Da die Bevölkerung in Mitteldeutschland auf 12 Millionen angewachsen war, suchte man dringend neue, landwirtschaftliche Flächen, um eine Ernährungsgrundlage für die Menschen zu haben. So wurden die bis dahin brach liegenden Gebiete östlich von Elbe und Saale besiedelt. Es ging später auch um die Germanisierung und Christianisierung der dort lebenden Bevölkerung.

b) Die Landesherrn profitierten durch neue Untertanen, urbar gemachtes Land und folglich verbesserte Einkünfte. Die Neusiedler erhielten große Ackerflächen, die sie gut ernährten und vererbt werden durften. Die Einheimischen profitierten vom wirtschaftlichen Aufschwung und bekamen meist auch die gleichen Rechte wie die Neusiedler.

Aufgabe 2: Die Römer besiedelten Gebiete, die sie vorher in Kriegen erobert hatten. Die Besiedelung diente anfangs der Kontrolle der dort lebenden Bevölkerung. Später bekamen ehemalige Soldaten hier Land als Abfindung für ihre Dienste.

Im Gegensatz dazu erfolgte der „Drang nach Osten“ nicht in eroberte Gebiete, sondern Gebiete von Lehnsherren, die bis dahin brach lagen. Die Siedler wurden von diesen durch billige Pachtabgaben und Vererbbarkeit des Lehens dazu animiert, sich hier anzusiedeln. Die einheimische Bevölkerung wurde nicht unterdrückt, letztlich profitierten alle beteiligten Gruppen von der Neubesiedelung.

Der „Drang nach Osten“

Aufgabe 3: *Die Neusiedler verhalfen den Ostgebieten zu einem wirtschaftlichen Aufschwung. Was waren die Gründe dafür?*

Aufgabe 4: *Der Deutsche Ritterorden spielte bei der Kolonialisierung des Ostens eine wichtige Rolle. Informiere dich, worin diese Rolle bestand.*

Der Tannhäuser im weißen Mantel des Deutschen Ritterordens

Der „Drang nach Osten"

Lösungen

Aufgabe 3: Die Neusiedler verfügten über technische Geräte, z. B. besondere Pflüge, mit denen die Erträge in der Landwirtschaft gesteigert werden konnten. Auch im Handwerk verfügten sie über umfangreiches Wissen, das die Einheimischen nicht kannten. So erfolgte ab dem 14. Jahrhundert ein wirtschaftlicher Aufschwung in den Ostgebieten und neue Dörfer und Städte entstanden bzw. schon vorhandene wurden ausgebaut.

Aufgabe 4: Der Katholischen Kirche ging es um eine Christianisierung der dort lebenden „heidnischen" Bevölkerung, die vor allem durch den Deutschen Ritterorden erfolgte. Der Orden nahm aber im Osten auch ein eigenes Gebiet in seinen Besitz. In diesem praktizierte er modernes Wirtschaften, indem er Innovationen in der Landwirtschaft und Neuerungen in der handwerklichen Produktion einführte. Es gab in diesem auch eine effiziente Verwaltung und eine gut entwickelte Geldwirtschaft. So war das Gebiet des Ordens dem traditionellen Lehnswesen überlegen.

Kolonialismus außerhalb Europas

Aufgabe 1: *Fülle die Lücken mit den passenden Wörtern aus.*

Portugal – Kompass – Karten – orientieren – Kolumbus – außerhalb – Segelschiffe – Weltmeere – begrenzt – Entdeckungen – Afrika

Ab dem zwölften Jahrhundert wurden immer mehr Erkenntnisse über Gebiete ____________________ von Europa gewonnen. Verglichen mit der heutigen Zeit waren diese Kenntnisse aber noch sehr ____________________. Die Erde wurde nun nicht mehr als Scheibe, sondern als Globus verstanden. Es wurden ____________________ der Erde und einzelner Gebiete erstellt, auch Seekarten. Neue, stärkere und schnellere ____________________ wurden gebaut, die für die Hochseeschifffahrt geeignet waren und somit in der Lage, nun über die ____________________ fahrend fremde Länder außerhalb Europas zu erreichen.

Seefahrer hatten auch gelernt, sich besser zu ____________________ und zu navigieren. Als Hilfsmittel dienten ihnen dabei u. a. ____________________, Fernrohr, Jakobsstab (= ein astronomisches Instrument zur Winkelmessung von Sternen, Vorläufer des Sextanten), Stundenglas (= Sanduhr) und Holzlog (zur Bestimmung der Geschwindigkeit). Die Zeit ab Ende des 15. Jahrhunderts gilt daher als das „Zeitalter der ____________________".

Vor allem die Entdeckung Amerikas durch ____________________ 1492 war hier ein Meilenstein. Dabei sollte Kolumbus eigentlich im Auftrag des spanischen Königshauses nach Westen segeln und den Seeweg nach Indien finden. In der Folgezeit wurden von Europa aus viele weitere Gebiete in Amerika, ____________________ und Asien entdeckt. Die führenden Mächte dabei waren Spanien und ____________________, die große Gebiete Mittelamerikas und Südamerikas in Besitz nahmen.

Aufgabe 2: *Welche Voraussetzungen ermöglichten es den Europäern ab dem 12. Jahrhundert neue Gebiete, vor allem in Übersee, als Kolonien in Besitz zu nehmen?*

Die Waldseemüller-Karte von 1507, erstmals taucht der Name America auf

Stationenlernen KOLONIALISMUS
Sekundarstufe – Bestell-Nr. 12 786

Kolonialismus außerhalb Europas

Lösungen

Aufgabe 1: Ab dem zwölften Jahrhundert wurden immer mehr Erkenntnisse über Gebiete außerhalb von Europa gewonnen. Verglichen mit der heutigen Zeit waren diese Kenntnisse aber noch sehr begrenzt. Die Erde wurde nun nicht mehr als Scheibe, sondern als Globus verstanden. Es wurden Karten der Erde und einzelner Gebiete erstellt, auch Seekarten. Neue, stärkere und schnellere Segelschiffe wurden gebaut, die für die Hochseeschifffahrt geeignet waren und somit in der Lage, nun über die Weltmeere fahrend fremde Länder außerhalb Europas zu erreichen.

Seefahrer hatten auch gelernt, sich besser zu orientieren und zu navigieren. Als Hilfsmittel dienten ihnen dabei u. a. Kompass, Fernrohr, Jakobsstab (= ein astronomisches Instrument zur Winkelmessung von Sternen, Vorläufer des Sextanten), Stundenglas (= Sanduhr) und Holzlog (zur Bestimmung der Geschwindigkeit). Die Zeit ab Ende des 15. Jahrhunderts gilt daher als das „Zeitalter der Entdeckungen“.

Vor allem die Entdeckung Amerikas durch Kolumbus 1492 war hier ein Meilenstein. Dabei sollte Kolumbus eigentlich im Auftrag des spanischen Königshauses nach Westen segeln und den Seeweg nach Indien finden. In der Folgezeit wurden von Europa aus viele weitere Gebiete in Amerika, Afrika und Asien entdeckt. Die führenden Mächte dabei waren Spanien und Portugal, die große Gebiete Mittelamerikas und Südamerikas in Besitz nahmen.

Aufgabe 2: Durch neue Erkenntnisse war es möglich, Karten von bis dahin unbekannten Gebieten der Erde zu erstellen, auch Seekarten. Neue, stärkere und schnellere Segelschiffe wurden gebaut, die für die Hochseeschifffahrt geeignet waren. Die Kapitäne der Schiffe verfügten auch über neue Instrumente, um besser navigieren und sich orientieren zu können, z.B. über den Kompass, das Fernrohr, das Holzlog etc.

Nachbau der „Santa Maria“ des Kolumbus

Kolonialismus außerhalb Europas

Aufgabe 3: *Vergleiche einmal die Anfänge von Kolonisation, wie sie die Griechen bzw. Römer im 8. Jahrhundert vor Christus betrieben, mit denen im 16. Jahrhundert, z. B. die Kolonisation Amerikas durch Großbritannien. Welche entscheidenden Unterschiede gibt es?*

Aufgabe 4:

a) *Die weltweite Kolonisation war bald mit dem Gedanken verbunden, die Einheimischen zu missionieren. Erläutere diesen Begriff.*

b) *In Amerika gab es kaum Missionierungen, im Gegenteil, es bildeten sich hier viele neue Religionsrichtungen vor allem des christlichen Glaubens aus. Woran lag das?*

Aufgabe 5: *Betrachte das Bild, welches Auseinandersetzungen zwischen Kolonialtruppen und Einheimischen zeigt. Beschreibe stichwortartig diese Auseinandersetzungen.*

DEFEAT OF THE ASHANTEES,
BY THE BRITISH FORCES UNDER THE COMMAND OF COL. SUTHERLAND, JULY 11TH 1824.

Stationenlernen KOLONIALISMUS
Sekundarstufe – Bestell-Nr. 12 786

Kolonialismus außerhalb Europas

Lösungen

Aufgabe 3: Die Griechen besiedelten die Gebiete gleich und unterdrückten die Einheimischen nicht, sondern tolerierten ihre Normen und Werte. Es gab auch keine Truppen, die die Gebiete besetzten. Sie verbesserten die wirtschaftliche Situation in den Kolonien und es entstand ein Handel mit den Mutterländern, wovon auch die ansässige Bevölkerung profitierte, deren Lebensstandard stieg. Die englischen Kolonisten besiedelten die neu entdeckten Länder Amerikas erst 100 Jahre später. Sie unterdrückten die Einheimischen durch ihre Truppen und ließen sie zwangsweise für sich arbeiten, sie sahen sie als faul und minderbemittelt an. Bald entstand dort auch die Sklavenwirtschaft. Bei der Besiedelung wurde den Indianern mit fragwürdigen Methoden ihr Land weggenommen bzw. sie wurden in Reservate abgeschoben.

Aufgabe 4:

a) Missionieren bezeichnet die Verbreitung des christlichen Glaubens. Menschen anderer Religionen sollen von diesem überzeugt werden und zu ihm übertreten. Kirchliche Missionare waren dafür in den Kolonien zuständig. Allerdings sahen sie häufig in den Einheimischen wilde Menschen, die es zu zähmen und zu domestizieren galt. Toleranz, Respekt und Empathie brachten sie ihnen nur selten entgegen. Vielmehr galt es, den „Heiden" christliche Werte und Lebensweisen aufzuzwingen, wobei sie dabei auch mit den Sklavenhändlern kooperierten. Sie gründeten aber auch Missionsstationen. Dort unterrichteten sie die Einheimischen und boten ihnen medizinische Versorgung an. Sie taten also durchaus Gutes, aber sie drückten den in den Kolonien lebenden Menschen eben auch ihre Sichtweisen, ihren Glauben, ihre Kultur auf.

b) Es gab die Glaubensfreiheit, niemand bestimmte, wie in Europa die Landesfürsten, wer welche Religion anzunehmen hatte. Da die Siedler aus unterschiedlichen Ländern in Europa kamen, brachten sie auch unterschiedliche religiöse Erfahrungen und Praktiken mit nach Amerika. So waren die Voraussetzungen gut für die Herausbildung neue religiöser Varianten.

Aufgabe 5: Die Auseinandersetzungen zwischen Kolonialtruppen und Einheimischen wurden sehr oft brutal und unmenschlich geführt. Mit der überlegenen Waffengewalt der Truppen wurden die Einheimischen unterdrückt, eingeschüchtert, ausgebeutet und es wurden auch ganze Völker vernichtet (= Völkermord).

Wirtschaftliche und finanzielle Interessen bei der Kolonialisierung

Nachdem Amerika durch Kolumbus entdeckt worden war, kamen immer mehr europäische Kolonisten in die „Neue Welt". Die Urbevölkerung wurde gezwungen, in den Bergwerken nach Gold und Silber zu schürfen und auf Plantagen zu arbeiten, um dort Zuckerrohr, Tabak etc. anzubauen. Doch viele der Indios starben, entweder an der unmenschlichen Behandlung und harten Arbeit oder an den Krankheiten, wie Masern, Pocken, Grippe, die die Europäer einschleppten.

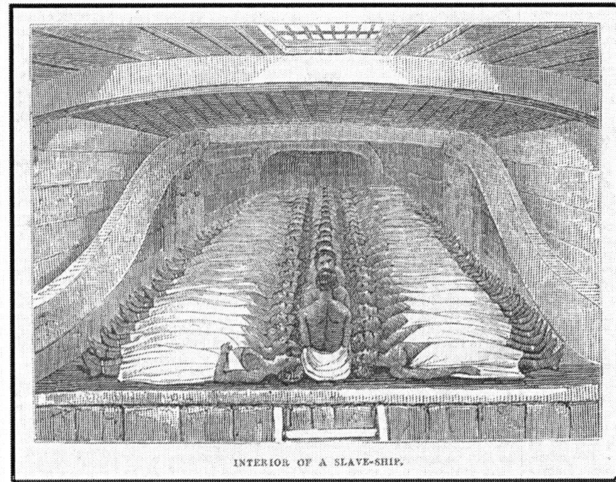
INTERIOR OF A SLAVE-SHIP.

Um die Plantagenwirtschaft aufrechterhalten zu können, holten die Portugiesen ab 1538 Sklaven aus Afrika nach Amerika. Um in Afrika die Sklaven eintauschen zu können, belud man die Schiffe in Europa mit Gegenständen aus Kupfer und Eisen, aber auch einfach nur mit Glasperlen, die glitzerten. Zusätzlich wurden Textilien für den afrikanischen Markt und mit Wasser gepanschter Schnaps geladen, sowie Schwarzpulver und Feuerwaffen. Die Schiffe fuhren die westafrikanischen Küsten an, wo sie bei Stammesfürsten die mitgeführten Waren gegen Sklaven eintauschten. Diese wurden auf die nunmehr leeren Schiffe verbracht, auf engstem Raum angekettet. Durch schlechte hygienische Bedingungen starben viele Sklaven schon auf der Überfahrt nach Amerika. Hier angekommen wurden die Sklaven zu Höchstpreisen verkauft.

Vom Erlös für die Sklaven wurden landwirtschaftliche Erzeugnisse wie Rohrzucker, Rum, Baumwolle, Tabak, Kaffee und Kakao erworben. Die Schiffe segelten nun mit diesen Produkten beladen in ihre Heimathäfen zurück, wo die Fracht auf dem europäischen Markt gewinnbringend verkauft wurde. So entwickelte sich zwischen Europa, Afrika und Amerika ein sogenannter Dreieckshandel: Von Europa wurden u. a. Fertigwaren, Alkohol, Gewehre nach Afrika geschafft, von Afrika Sklaven nach Amerika, von Amerika landwirtschaftliche Erzeugnisse und Bodenschätze zurück nach Europa.

Kolonialismus in Übersee erfolgte also anders als bisher: Die Entdecker besiedelten die Gebiete in Übersee zu Anfang kaum selbst. Ihre Interessen waren darauf gerichtet, die einheimische Bevölkerung zu unterdrücken bzw. zu versklaven, die dann Rohstoffe anbauen bzw. Bodenschätze abbauen mussten. Die so gewonnenen Produkte wurden dann in die Länder der Eroberer gebracht und dort teuer veräußert. Durch diesen Handel wurden viele Kaufleute in Europa sehr reich. Erst Mitte des 16. Jahrhunderts erfolgte eine dauerhafte Besiedelung Amerikas durch Europäer.

Aufgabe 1: *Was stellt folgendes Bild dar? Erläutere seine Bedeutung.*

Aufgabe 2: *Die Kolonialisierung der Gebiete in Übersee erfolgt in anderer Weise als vorherige Kolonialisierungen. Notiere die Unterschiede und erläutere diese kurz.*

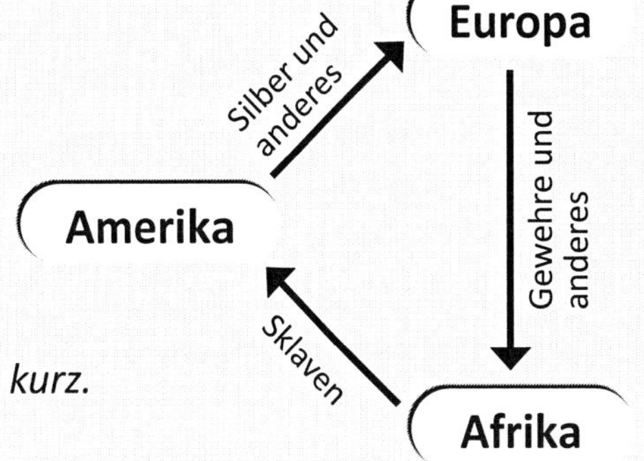

Wirtschaftliche und finanzielle Interessen bei der Kolonialisierung

Lösungen

Aufgabe 1: Das Bild stellt die Handelsströme zwischen Europa, Afrika und Amerika dar, die als Dreieckshandel bezeichnet wurden. Von Europa wurden Gegenstände aus Kupfer und Eisen, Alkohol, billige Textilien, Gewehre per Schiff nach Afrika geschafft, hier wurden die Schiffe mit Sklaven beladen, diese nach Amerika gebracht und dort verkauft. Von Amerika wurde Zucker, Baumwolle, Silber zurück nach Europa gebracht.

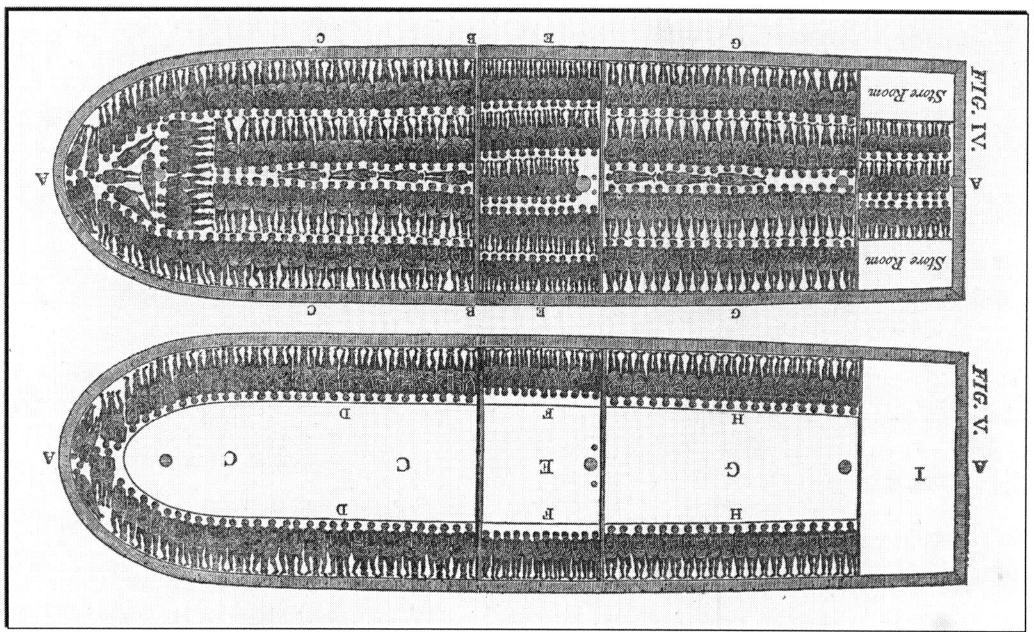

Aufgabe 2: Die Ostgebiete wurden von den Neusiedlern friedlich besiedelt, die Einheimischen wurden kaum unterdrückt, sie profitierten von den Kenntnissen der Neusiedler und es kam zu einem Wirtschaftswachstum, von dem alle Beteiligten profitierten.

Die neuen Gebiete in Übersee hingegen wurden zuerst kaum von Europäern besiedelt, sondern in Besitz genommen, d. h. die einheimische Bevölkerung wurde unterdrückt und ausgebeutet. Sie musste Rohstoffe anbauen bzw. Bodenschätze abbauen. Die so gewonnenen Produkte wurden dann in die Länder der Eroberer gebracht und dort sehr gewinnbringend verkauft.
So entstanden reiche Handelsunternehmen.

Die Besiedlung Amerikas

Kolonialismus
Teil 1

Fast 100 Jahre vergingen nach der Landung von Kolumbus 1492, ehe sich Siedler dauerhaft in Amerika niederließen. Es waren vor allem wirtschaftliche Gründe, die die Menschen von Europa nach Amerika auswandern ließen. Viele lebten in Europa als arme Bauern und litten oft unter Hunger, vor allem wenn es Missernten gab. Der Adel erhöhte auch immer wieder die Abgaben, die die Untertanen an ihn zahlen mussten, um so seine finanzielle Existenz zu sichern und Kriege zu finanzieren. In den Städten entwickelte sich ein immer stärkeres Gefälle zwischen arm und reich.

Neben diesen wirtschaftlichen Gründen war ein weiterer Grund die religiöse Verfolgung. Martin Luther hat am Anfang des 16. Jahrhunderts für eine Spaltung der Kirche in eine katholische und eine evangelische gesorgt. Die Landesfürsten bestimmten nun, welche Religion die Untertanen anzunehmen hatten. Vor allem evangelisch Gläubige wurden verfolgt oder unterdrückt, wenn sie das nicht taten. So wanderten viele nach Amerika aus, hier gab es Religionsfreiheit, denn die Herrscher der Mutterländer übten in diesem Punkt keinen Druck auf ihre Kolonien aus. Es entstanden bald auch neue, eigenständige religiöse Gruppen, z. B. die Quäker.

Einerseits gab es in Amerika freies Land, das die Einwanderer in Besitz nehmen konnten und urbar machten, andererseits versuchten sie den Indianern Land abzukaufen, auf dem diese lebten. Dass ein Mensch ein Stück Land als sein Eigentum betrachtet, entsprach allerdings nicht deren Kultur. Deshalb weigerten sich viele Indianer, die Verträge zu unterschreiben, die die Einwanderer ihnen vorlegten. Diese zwangen die Indianer schließlich mit Waffengewalt zur Unterschrift.

Um 1830 wurde ein Umsiedelungsgesetz erlassen. Es ermöglichte den Siedlern, den Indianern einen Tausch anzubieten: Die Siedler bekamen das Land der Indianer, diese dafür neues Land, sogenannte Reservate. Das so eingetauschte Land war aber häufig unfruchtbar und bot den Stämmen wenig Lebensgrundlagen. So widersetzten sie sich gegen diese Umsiedelung. Es kam zu Kämpfen, bei denen viele Indianer getötet und manche Stämme ganz ausgerottet wurden.

Aufgabe 1: *Welche Gründe veranlassten Menschen aus Europa, die lange und gefährliche Schiffsreise nach Amerika auf sich zu nehmen, um sich hier neu anzusiedeln?*

Aufgabe 2: *Nummeriere die Satzanfänge mit 1-6 und die Satzenden auch mit 1-6 so, dass ein logisch zusammenhängender Text mit sinnvollen ganzen Sätzen entsteht.*

	Satzanfänge
	Als die Indianer gegen diese Umsiedelung Widerstand leisteten,
	Das Stammesgebiet der Indianer wurde gegen neues Land eingetauscht,
	Die Ureinwohner Amerikas, die Indianer,
	Die Siedler zwangen die Indianer schließlich mit Waffengewalt,
	Das neue Land war meist
	Ein Umsiedelungsgesetz ermöglichte es später den Siedlern,

	Satzenden
	unfruchtbar und bot wenig Lebensgrundlagen.
	wurden viele getötet und manche Stämme ganz ausgerottet.
	das als ein Reservat bezeichnet wurde.
	wurden von den Neusiedlern zunehmend von ihrem Land verdrängt.
	den Indianern einen „Tausch" anzubieten.
	ihnen ihr Land zu verkaufen, so wurden sie aus ihrer Heimat vertrieben.

Die Besiedlung Amerikas

Lösungen

Aufgabe 1: In Europa waren viele Bauern arm und litten oft unter Hunger. Abgaben, die die Untertanen an ihren Fürsten zahlen mussten, wurden erhöht. So sicherte der Adel seine finanzielle Existenz und finanzierte Kriege. In den Städten gab es ein immer stärkeres Gefälle zwischen armen und reichen Bürgern. Durch die Kritik von Martin Luther an der Lehre der katholischen Kirche kam es zu einer Abspaltung evangelischer Gläubiger von dieser, die bald Verfolgungen ausgesetzt waren. Amerika versprach eine Befreiung aus diesen Verhältnissen.

Aufgabe 2:

1	Die Ureinwohner Amerikas, die Indianer, wurden von den Neusiedlern zunehmend von ihrem Land verdrängt.
2	Die Siedler zwangen die Indianer schließlich mit Waffengewalt, ihnen ihr Land zu verkaufen, so wurden sie aus ihrer Heimat vertrieben.
3	Ein Umsiedelungsgesetz ermöglichte es später den Siedlern, den Indianern einen „Tausch" anzubieten.
4	Das Stammesgebiet der Indianer wurde gegen neues Land eingetauscht, das als ein Reservat bezeichnet wurde.
5	Das neue Land war meist unfruchtbar und bot wenig Lebensgrundlagen.
6	Als die Indianer gegen diese Umsiedelung Widerstand leisteten, wurden viele getötet und manche Stämme ganz ausgerottet.

Die Besiedlung Amerikas

Aufgabe 3: *Gesucht werden senkrecht und waagerecht 11 Begriffe. Aus den hervorgehobenen Kästchen ergibt sich richtig geordnet ein Lösungswort.*

1. Nach der Entdeckung von Amerika durch Kolumbus 1492 wurde das Land erst wieviel Jahre später umfassend besiedelt?
2. In Europa erhöhte der Adel immer wieder die Abgaben, die die Untertanen an ihn zahlen mussten, um so seine ... Existenz zu sichern, was zu vermehrter Auswanderung führte.
3. Welche spezielle Freiheit gab es in Amerika, die die Herrscher in Europa ihren Bürgern nicht gestatteten?
4. In Amerika entstanden viele neue Religionsgemeinschaften, u. a. die ...
5. Die Einwanderer versuchten den Indianern Land ...
6. Ein Stück Land als sein Eigentum zu betrachten, war für die Indianer aber ...
7. Auf welche Art zwangen die Siedler die Indianer schließlich, ihr Land an sie zu verkaufen?
8. Welches wichtige Gesetz wurde um 1830 in Amerika erlassen?
9. Wie wurde das Land bezeichnet, das die Indianer als Tausch für ihr Stammesgebiet erhielten?
10. Das neu eingetauschte Land war aber meist ...
11. Der Widerstand der Indianer gegen die Umsiedelung hatte zur Folge, dass manche Stämme ganz ... wurden.

Lösungswort:

1	2	3	4	5	6	7	8	9	10	11

Stationenlernen KOLONIALISMUS – Bestell-Nr. 12 786
Sekundarstufe
KOHL VERLAG

Die Besiedlung Amerikas

Lösungen

Aufgabe 3:

1 EINHUNDERT
2 FINANZIELLE
3 RELIGIONSFREIHEIT
4 QUÄKER
5 ABZUKAUFEN
6 UNDENKBAR
7 WAFFENGEWALT
8 UMSIEDELUNGSGESETZ
9 RESERVAT
10 UNFRUCHTBAR
11 AUSGEROTTET

Lösungswort:

1	2	3	4	5	6	7	8	9	10	11
B	E	S	I	E	D	E	L	U	N	G

Kolonialisierung vom 15. bis 17. Jahrhundert weltweit

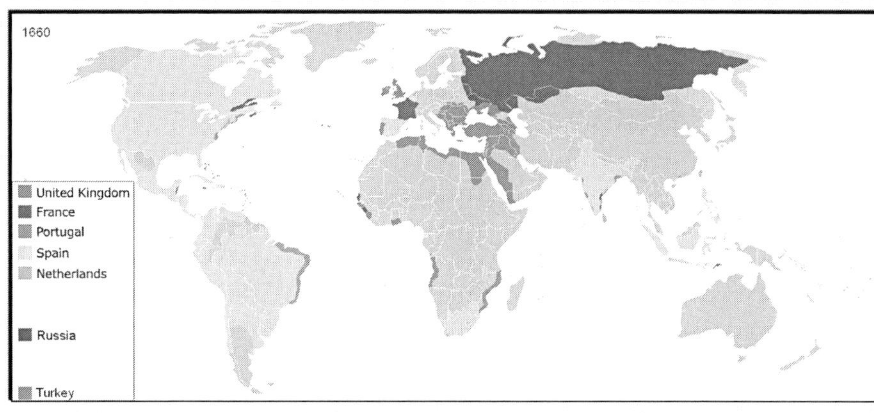

Nach der Entdeckung von Amerika weitete sich der Kolonialismus weltweit aus, vgl. die Karte. Die Kolonialmächte waren Seefahrerstaaten und verfügten über relativ große Flotten. Neben Spanien und Portugal wurden im 17. Jahrhundert vor allem England und die Niederlande zu Kolonialmächten. Russland dagegen dehnte sich überwiegend kontinental weiter aus in Richtung Osten. Später richtete sich das Interesse der Kolonialstaaten auf den Kontinent Australien. Zunehmend kam es dabei auch zu Streitigkeiten um Kolonien und zu kriegerischen Auseinandersetzungen zwischen Kolonialstaaten.

Neben den genannten wirtschaftlichen und religiösen Gründen ging es nun bei der Kolonialisierung vor allem um neues Siedlungsland, denn die Bevölkerungszahlen in Europa hatten stark zugenommen. Hinzu kam auch ein „Sendungsbewusstsein", andere Völker zu „zivilisieren" und die Verbreitung des Christentums (= Missionierung). Die Kolonisation erfolgte einerseits von staatlichen Stellen planmäßig gelenkt, andererseits aber auch als sogenannte wilde Besiedlung. Bei dieser siedelten sich die Einwanderer ohne Genehmigung in den neu entdeckten Gebieten an. Eine solche Besiedelung wurde aber i. d. R. nicht verhindert bzw. geduldet.

Aufgabe 1: *Schau dir die Karte oben genau an. Notiere dann, welche Staaten wo Kolonien hatten.*

Aufgabe 2: *Es gab ab dem 15. Jahrhundert neue Beweggründe der Kolonialmächte, weitere Kolonien zu erobern. Welche der folgenden Aussagen dazu sind richtig? Korrigiere dann die falschen Aussagen, indem du den passenden wahren Inhalt als Aussage ausdrückst.*

		Wahr	Falsch
1	Die Kolonisation der neuen Gebiete erfolgte als sogenannte wilde Besiedlung.		
2	Die Kolonialmächte erschlossen Australien zuerst.		
3	Die Europäer entwickelten das Bedürfnis, andere Völker zu „zivilisieren", d. h. ihnen ihre Werte und Normen überzustülpen.		
4	Da die Bevölkerung in Europa stark zugenommen hatte, ging es bei der Kolonialisierung vor allem um neues Siedlungsland.		
5	Kolonialisierung bedeutete nun auch, die einheimische Bevölkerung für das Christentum zu missionieren.		
6	Russland erwarb keine Kolonien in Übersee, sondern dehnte sich kontinental nach Westen aus.		
7	Bei der weltweiten Kolonialisierung kam es selten zu Streitigkeiten um Kolonien zwischen den Kolonialstaaten.		

Stationenlernen KOLONIALISMUS
Sekundarstufe – Bestell-Nr. 12 786
KOHL VERLAG

Kolonialisierung vom 15. bis 17. Jahrhundert weltweit

Lösungen

Aufgabe 1:

Großbritannien:	Regionen an der Ostküste Nordamerikas, etliche Inseln zwischen Nord- und Südamerika.
Frankreich:	Teile Kanadas, Inseln vor Südamerika, Küstengebiete Westafrikas, Ostküste Indiens.
Portugal:	Küstenbereich von Brasilien, Küstengebiete West- und Ostafrikas, Süd- und Südostasiens.
Spanien:	Große Teile von Mittelamerika und Südamerika, einige Gebiete in Südostasien, u. a. die Philippinen.
Niederlande:	Teile Südindiens, die Kapregion Südafrikas, die Malediven, Teile Indonesiens. Handelsposten gab es in Nordamerika, in Brasilien, an der Afrikanischen Westküste und in Japan.
Russland:	Überwiegend kontinentale Ausdehnung hauptsächlich in Richtung Osten.
Türkei:	Südosteuropa, Westküste Saudi-Arabiens, Teile Nordafrikas am Mittelmeer.

Aufgabe 2:

	Richtige Aussagen
3	Die Europäer entwickelten das Bedürfnis, andere Völker zu „zivilisieren", d. h. ihnen ihre Werte und Normen überzustülpen.
4	Da die Bevölkerung in Europa stark zugenommen hatte, ging es bei der Kolonialisierung vor allem um neues Siedlungsland.
5	Kolonialisierung bedeutete nun auch, die einheimische Bevölkerung für das Christentum zu missionieren.

	Die falschen Aussagen korrigiert
1	Denn diese war selten, es gab in erster Linie eine planmäßige Besiedlung.
2	Die Erschließung Australiens erfolgte erst später.
6	Es dehnte sich kontinental nach Osten aus.
7	Es kam immer häufiger zu Streit und Kämpfen.

Die Entstehung der Unabhängigkeit Amerikas

Nach dem Ende des Siebenjährigen Krieges (1756-1763) in Europa, bei dem es u. a. um Gebietsansprüche in Schlesien ging, verlor Frankreich große Teile seiner Kolonialgebiete in Nordamerika an Großbritannien, das damit endgültig zum dominierenden Weltreich wurde. Doch dieser Krieg hatte England viel Geld gekostet. Um die dabei gemachten Schulden bezahlen zu können, verfügte der englische König, dass die Leute in den Kolonien nun Steuern und Abgaben entrichten müssten. Damit waren diese nicht einverstanden, es sei denn, sie erhielten mehr Selbstbestimmung, was Georg der Dritte ablehnte. Aus Protest warfen Bewohner der Stadt Boston Tee ins Hafenbecken, damals ein wichtiges Handelsgut (= sogenannte Tea Party). 13 britische Kolonien in Nordamerika erklärten daraufhin, dass sie mit Großbritannien keinen Handel mehr treiben wollten. Schließlich kam es zu ersten Kämpfen zwischen den Soldaten der Kolonisten und den britischen Truppen.

Am 4. Juli 1776 erklärten 13 Kolonien ihre Unabhängigkeit von England und bezeichneten sich als die Vereinigten Staaten von Amerika. Dieser Tag wird bis heute in den USA gefeiert. Das war der Auslöser für einen langen Krieg zwischen Großbritannien und diesen Kolonien. Der französische König Ludwig XVI. schickte den „Amerikanern" Kriegsmaterial und Soldaten, denn deren Armee war sehr schlecht ausgerüstet. Viele ihrer Kämpfer waren keine richtigen Soldaten, sondern bewaffnete Freiwillige. Immer wieder kam es zu heftigen Gefechten zwischen den Gegnern, viele Gebiete wurden verwüstet. Ab 1779 unterstützten auch Spanien und die Niederlande die Amerikaner in ihrem Freiheitskampf.

1781 fand die entscheidende Schlacht bei Yorktown in Virginia statt, in der sich die Amerikaner und Franzosen gegen die Briten durchsetzen konnten. 1783 kam es dann zum Frieden von Paris. Großbritannien erkannte die amerikanische Unabhängigkeit formell an und trat das gesamte Territorium zwischen den Appalachen im Osten und dem Mississippi im Westen an die Vereinigten Staaten ab. Dadurch standen nun auch die riesigen Westgebiete des Kontinents bis zum Pazifik für eine Besiedlung offen.

1787 schlossen sich die 13 Staaten, die sich 1776 für unabhängig erklärt hatten, zu einem Staatenbund zusammen. In einer Verfassung wurden die Ideale von Freiheit, Gleichheit und Volkssouveränität festgelegt. So wurden die Vereinigten Staaten von Amerika (= USA) die erste Demokratie der Neuzeit.

Aufgabe 1:
- **a)** *Warum sollten die Siedler in den Kolonien nun Steuern und Abgaben entrichten?*
- **b)** *Unter welcher Bedingung waren die amerikanischen Kolonien zu diesen Abgaben bereit?*
- **c)** *Welche Konsequenz zogen 13 britische Kolonien in Nordamerika, als ihre Forderung vom englischen Monarchen abgelehnt wurde?*
- **d)** *Was folgte auf die Unabhängigkeitserklärung der 13 Kolonien von England am 4. Juli 1776?*
- **e)** *Die Kolonien, die gegen Großbritannien Krieg führten, waren den englischen Truppen zu Anfang total unterlegen. Welche Gründe sind dafür zu nennen?*
- **f)** *Warum gewannen die Kolonien aber schließlich doch den Krieg gegen England?*
- **g)** *1783 kam es zum Frieden von Paris. Was wurde bei diesem vereinbart?*

Stationenlernen KOLONIALISMUS
Sekundarstufe – Bestell-Nr. 12 786

Die Entstehung der Unabhängigkeit Amerikas

Lösungen

Aufgabe 1:

a) Damit England seine Schulden bezahlen konnte, die es im Siebenjährigen Krieg gemacht hatte.

b) Sie erhalten mehr Selbstbestimmung.

c) Sie erklärten, dass sie mit Großbritannien keinen Handel mehr treiben werden.

d) Das war der Auslöser für einen langen Krieg zwischen Großbritannien und diesen Kolonien.

e) Auf Seiten der Kolonien kämpften wenige Soldaten, sondern bewaffnete Freiwillige, die schlecht ausgerüstet waren.

f) Frankreich schickte ihnen Kriegsmaterial und Soldaten, später auch Spanien und die Niederlande.

g) Großbritannien erkannte die amerikanische Unabhängigkeit formell an.

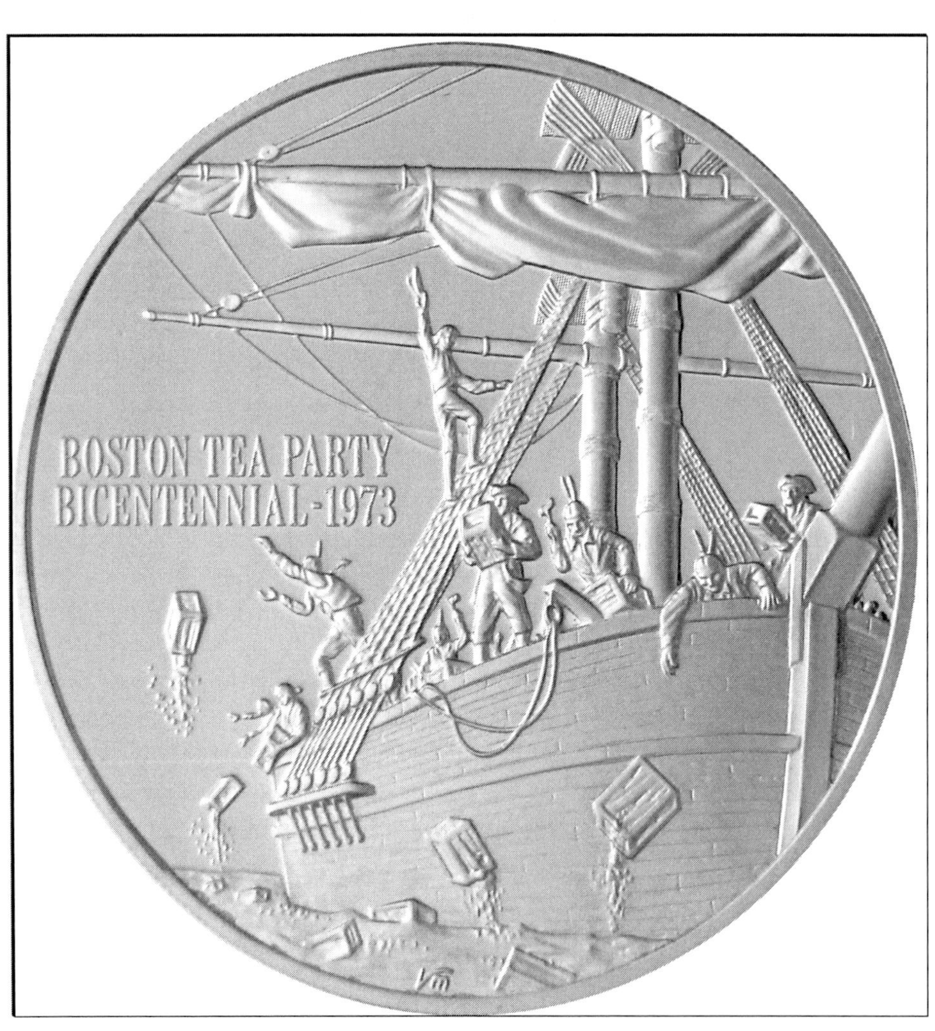

Die Entstehung der Unabhängigkeit Amerikas

Aufgabe 2: *Beschreibe stichwortartig, welches Ereignis auf dem Bild dargestellt wird.*

Aufgabe 3: **a)** *Warum kapitulierten die britischen Truppen in der Schlacht von Yorktown?*

b) *Welche Veränderungen ergaben sich für die amerikanischen Kolonien nach der Schlacht bei Yorktown?*

Aufgabe 4: *Die USA gaben sich 1787 eine demokratische Verfassung. Notiere dir die wesentlichen Inhalte dieser Verfassung. In den „Bill of Rights" sind weitere Rechte aufgeführt, notiere dir auch hier die wichtigsten.*

Stationenlernen KOLONIALISMUS
Sekundarstufe – Bestell-Nr. 12 786

Die Entstehung der Unabhängigkeit Amerikas

Lösungen

Aufgabe 2: Das Bild zeigt die „Boston tea party". In der Nacht vom 16. zum 17. Dezember 1773 enterten Kolonisten ein mit Tee beladenes englisches Schiff, das im Hafen von Boston lag, und warfen über 50 Tonnen Tee ins Wasser. So drückten sie ihren Protest gegen die von Großbritannien verhängte Teesteuer aus. Tausende von Zuschauern sahen den Kolonisten bei ihrem Tun zu. Die englische Regierung ließ daraufhin den Hafen von Boston schließen und Versammlungen wurden verboten. Zusätzliche Truppen wurden aus England in die Kolonien verlegt.

Aufgabe 3:

a) Die amerikanische Armee wurde von französischen Soldaten in ihrem Kampf unterstützt, überdies hatte Frankreich Kriegsschiffe geschickt. Die britische Armee wurde so eingeschlossen und zur Kapitulation gezwungen.

b) Im Dezember 1782 erkannte Großbritannien die Unabhängigkeit seiner Kolonien an. Am 3. September 1783 wurde in Paris nach entsprechenden Verhandlungen ein Friedensvertrag zwischen Amerika und Großbritannien unterzeichnet. Das gesamte Territorium zwischen den Appalachen im Osten und dem Mississippi im Westen gehörte nun den USA. Es wurde bald von Kolonisten besiedelt.

Aufgabe 4: In der Verfassung sind Grundrechte aller Bürger der USA festgelegt, z. B. das Recht auf Leben, Freiheit, Gleichheit, Eigentum. Frauen, Sklaven und Indianer erhielten die Grundrechte und das Wahlrecht allerdings erst im 18. bzw. 19. Jahrhundert. Der Präsident wird vom Volk gewählt, er ernennt die Regierung. Der Kongress, die gesetzgebende Gewalt, besteht aus zwei Häusern: Aus dem Repräsentantenhaus, in dem vom Volk gewählte Abgeordnete (ähnlich dem Bundestag in Deutschland) sitzen, und aus dem Senat, in den die Bundesstaaten (ähnlich dem Bundesrat in Deutschland) Vertreter (= Senatoren) entsenden.

Die Bill of Rights schützt u. a. die Redefreiheit, die Pressefreiheit, die Religionsfreiheit, die Versammlungsfreiheit, das Recht zum Besitz und zum Tragen von Waffen. Sie verbietet sogar Polizisten, eine Person ohne einen triftigen Grund anzuhalten und zu durchsuchen. Auch darf ohne die Genehmigung eines Gerichts die Wohnung oder das Haus von jemandem nicht durchsucht werden.

Congress of the United States,
begun and held at the City of New-York, on
Wednesday the Fourth of March, one thousand seven hundred and eighty nine

THE

RESOLVED

ARTICLES

Die Ausweitung des Kolonialismus zum Imperialismus

Die Zeit ab 1850 bis zum Beginn des 1. Weltkrieges wird in der Geschichte als „Zeitalter des Imperialismus“ bezeichnet. Der Begriff kommt ursprünglich aus dem Lateinischen und bezeichnet Macht, Reich, Herrschaftsgebiet. Großbritannien und Frankreich waren bestrebt, sich noch weiter auszudehnen.

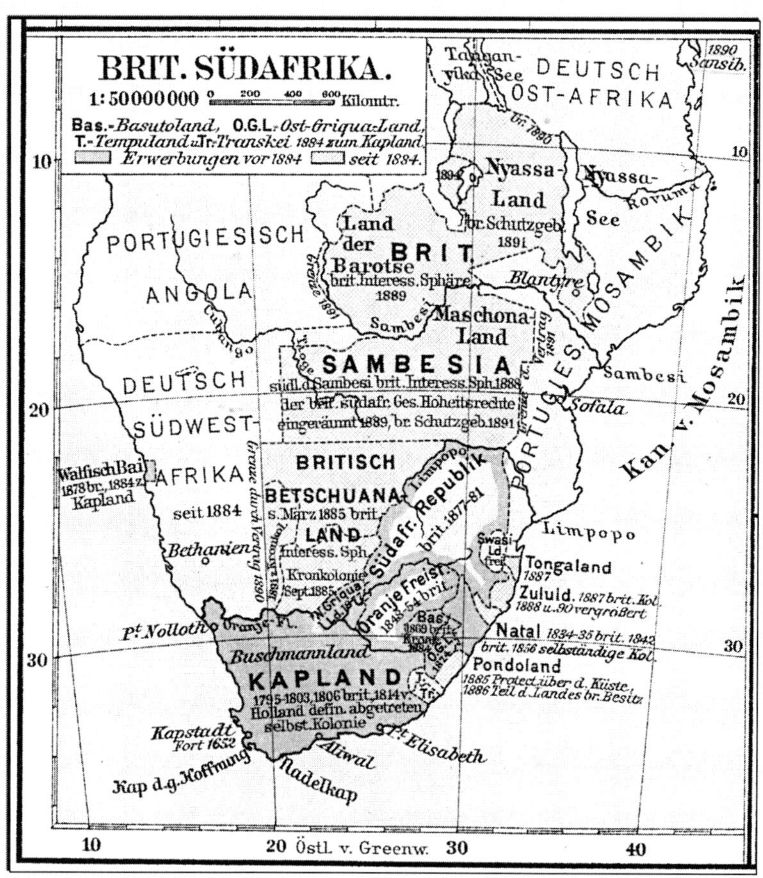

So umfasste das britische Weltreich (= Empire) um 1900 ca. ein Viertel der Landoberfläche der Erde wie auch der Erdbevölkerung. Spanien, Portugal und die Niederlande versuchten, ihre Kolonialgebiete möglichst zu bewahren.

Andere europäische Staaten wie Belgien und Deutschland begannen nun auch, Kolonien zu erwerben, ebenso Japan und die USA. Die USA kauften z.B. Alaska von Russland. In der Zeit um 1870 standen etwa 70 % der Fläche Afrikas unter der Herrschaft europäischer Staaten, um 1900 waren es sogar 90 %.

Kolonialismus bedeutete nun auch viele Auseinandersetzungen zwischen Kolonialtruppen und Einheimischen in den Kolonien. Diese wurden sehr oft mit großer Härte geführt. Die Kolonialstaaten unterdrückten die einheimische Bevölkerung und verhielten sich unmenschlich, rücksichtslos, ausbeuterisch und brutal gegenüber dieser. Ganze Völker wurden unterworfen oder sogar vernichtet (= Völkermord). Aber auch untereinander führten die Kolonialstaaten Kriege um Kolonien.

Wesentliche Gründe für die Ausweitung und Verstärkung des Kolonialismus waren Rohstoffe, die für die wachsende Industrialisierung benötigt wurden, sowie die Erschließung neuer Absatzmärkte, um in Europa erzeugte Produkte zu verkaufen. Da die Bevölkerungszahlen in Europa weiter gewachsen waren, stieg auch der Bedarf an Siedlungsland. Hinzu kam die Ideologie (= Weltanschauung), dass es die Aufgabe der Kolonialmächte sei, andere Menschen, vor allem Farbige, zu „zivilisieren“; d. h. diese sollten die Werte und Normen der Kolonialmächte annehmen.

Aufgabe 1: **a)** *Welcher Zeitraum gilt als Zeitalter des Imperialismus?*

b) *Welche Staaten weiteten ihre Kolonien im Imperialismus vor allem aus?*

c) *Was bedeutet der Begriff Imperialismus ursprünglich?*

Stationenlernen KOLONIALISMUS
Sekundarstufe – Bestell-Nr. 12 786

Die Ausweitung des Kolonialismus zum Imperialismus

Lösungen

Aufgabe 1: **a)** Die Zeit ab 1850 bis zum Beginn des 1. Weltkrieges wird als „Zeitalter des Imperialismus“ bezeichnet.

b) Großbritannien und Frankreich weiteten ihre Kolonien aus. So umfasste das britische Weltreich (= Empire) um 1900 ca. ein Viertel der Landoberfläche der Erde wie auch der Erdbevölkerung.

c) Der Begriff kommt ursprünglich aus dem Lateinischen und bezeichnet Macht, Reich, Herrschaftsgebiet.

Die Ausweitung des Kolonialismus zum Imperialismus

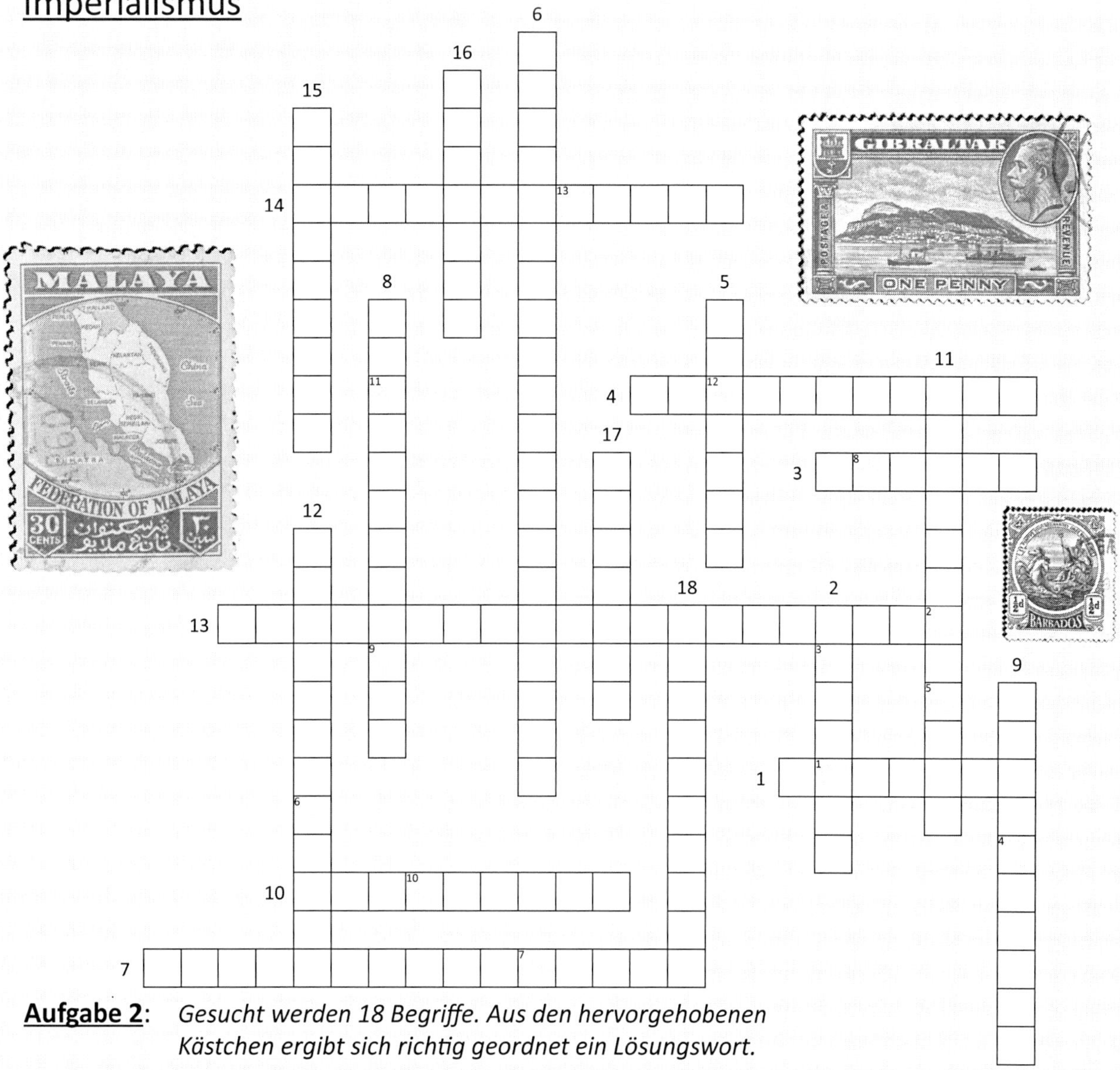

Aufgabe 2: *Gesucht werden 18 Begriffe. Aus den hervorgehobenen Kästchen ergibt sich richtig geordnet ein Lösungswort.*

1. Das britische Empire besaß um 1900 ein ... der Landoberfläche der Erde.
2. Portugal, die Niederlande und welches Land versuchten, ihre Kolonialgebiete möglichst zu bewahren?
3. Welches Land kauften die USA von Russland?
4. Belgien und welches Land begann nun auch, Kolonien zu erwerben?
5. Wieviel Prozent der Fläche Afrikas standen um 1900 unter der Herrschaft europäischer Staaten?
6. Zwischen Kolonialtruppen und Einheimischen in den Kolonien wurden viele ... geführt.
7. Auch die ... führten untereinander Kriege um Kolonien.
8. Die Kolonialstaaten unterdrückten die einheimische Bevölkerung und verhielten sich gegenüber dieser wie?
9. Ganze Völker wurden vernichtet, was als ... bezeichnet wird.
10. Für die wachsende Industrialisierung wurden ... benötigt, was zu einer Ausweitung des Kolonialismus führte.
11. Die Europäer suchten in den Kolonien auch neue ... ?
12. Vertreter des Kolonialismus behaupteten, es sei ihre Aufgabe, Farbige zu ... ?
13. Warum stieg der Bedarf an Siedlungsland weiter an?
14. Unter der Herrschaft welcher Staaten standen um 1870 fast 3 Viertel von Afrika?
15. Die Weltanschauung der Kolonialmächte kann man auch als ... bezeichnen.
16. Einheimische kämpften mit kolonialen ...
17. Leider war der Kolonialismus meistens mit ... verbunden.
18. Die neuen Kolonien wurden in welcher Form dokumentiert?

Lösungswort:

1	2	3	4	5	6	7	8	9	10	11	12	13

Stationenlernen KOLONIALISMUS – Bestell-Nr. 12 786
Sekundarstufe

Die Ausweitung des Kolonialismus zum Imperialismus

Lösungen

Aufgabe 2:

Lösungswort:

1	2	3	4	5	6	7	8	9	10	11	12	13
I	M	P	E	R	I	A	L	I	S	M	U	S

Deutsche Kolonien

Deutsche Kaufleute und Handelsgesellschaften hatten sich in Afrika und im Pazifik seit Mitte 1800 Landbesitz angeeignet. Sie schlossen fragwürdige Verträge mit schreib- und leseunkundigen Häuptlingen ab. Außer einer 1683 an der Küste des heutigen Ghanas in Afrika errichteten Kolonie erwarb Deutschland erst nach Gründung des Deutschen Reiches im Jahr 1871 Kolonien.

Kaufleute hatten die Regierung gedrängt, ihren Handel zu schützen. So nannte Deutschland seine Kolonien offiziell Schutzgebiete, seine Besatzungstruppen hießen Schutztruppen. Auch Prestigedenken, zunehmender Nationalismus und die Ablenkung von innerstaatlichen Problemen waren Gründe für Kolonialismus. Alle deutschen Kolonien zusammen waren ca. 5-mal so groß wie das Mutterland.

Man betrachtete und behandelte vor allem farbige Einheimische als minderwertig. Sie wurden zu Zwangsarbeit gezwungen und geschlagen, offiziell ohne Sklaverei. Man missachtete Sitten und Bräuche von Einheimischen, sie mussten dienen und gehorchen. Das führte oft zu Aufständen, die von Soldaten der Besatzungsmacht bekämpft und brutal niedergeschlagen wurden. Den Eingeborenen wurde die deutsche Staatsangehörigkeit versagt. Allerdings bekamen sie eigene medizinische Versorgungsstationen und Schulen. Die Vermischung von Deutschen mit Eingeborenen durch Heiraten (= Mischehen) sollte unterbleiben, das deutsche Volk sollte „rassisch sauber“ bleiben.

Für den deutschen Staat waren fast alle Kolonien ein Verlustgeschäft. Handelsunternehmen jedoch erzielten mit ihnen große Gewinne. Nach dem verlorenen 1. Weltkrieg (1914-1918) musste Deutschland nach dem Versailler Vertrag (1919) alle seine Kolonien abtreten.

Aufgabe 1: *Verbinde die Fragen mit passenden Antworten. Die Buchstaben ergeben ein Lösungswort.*

1	Warum nannte Deutschland seine Kolonien Schutzgebiete?
2	Wie erwarben deutsche Kaufleute u. a. in Afrika Landbesitz?
3	Was waren die Gründe für Deutschland, Kolonien zu erwerben?
4	Erhielten die Eingeborenen die deutsche Staatsangehörigkeit?
5	Wie wurden die Einheimischen in den Kolonien behandelt?
6	Wie verhielt sich die deutsche Besatzungsmacht bei Aufständen?
7	Wie groß waren die deutschen Kolonien?
8	Wie stand es finanziell um die Handelsunternehmen in Kolonien?
9	Welchen Gewinn erzielte der deutsche Staat mit seinen Kolonien?
10	Durch welchen Vertrag und wann gab Deutschland seine Kolonien auf?

N	Deutschland erzielte Verluste.
R	Soldaten bekämpften diese mit erbarmungsloser Härte.
E	Sie wurden zu Zwangsarbeit gezwungen und geschlagen.
A	Sie erzielten große finanzielle Gewinne.
L	Sie waren 5-mal so groß wie das Mutterland.
M	Die Regierung schützte den Handel deutscher Kaufleute.
T	Prestige, Nationalismus, Ablenkung von innerstaatlichen Problemen.
D	Durch den Versailler Vertrag von 1919.
T	Eingeborenen wurde die deutsche Staatsangehörigkeit versagt.
U	Durch fragwürdige Verträge mit Häuptlingen.

Stationenlernen KOLONIALISMUS
Sekundarstufe – Bestell-Nr. 12 786
KOHL VERLAG

Deutsche Kolonien

Kolonialismus
Teil 1

Lösungen

Aufgabe 1:

1	Warum nannte Deutschland seine Kolonien Schutzgebiete? ► Die Regierung schützte den Handel deutscher Kaufleute.	**M**
2	Wie erwarben deutsche Kaufleute u. a. in Afrika Landbesitz? ► Durch fragwürdige Verträge mit Häuptlingen.	**U**
3	Was waren die Gründe für Deutschland, Kolonien zu erwerben? ► Prestige, Nationalismus, Ablenkung von innerstaatlichen Problemen.	**T**
4	Erhielten die Eingeborenen die deutsche Staatsangehörigkeit? ► Eingeborenen wurde die deutsche Staatsangehörigkeit versagt.	**T**
5	Wie wurden die Einheimischen in den Kolonien behandelt? ► Sie wurden zu Zwangsarbeit gezwungen und geschlagen.	**E**
6	Wie verhielt sich die deutsche Besatzungsmacht bei Aufständen? ► Soldaten bekämpften diese mit erbarmungsloser Härte.	**R**
7	Wie groß waren die deutschen Kolonien? ► Sie waren 5-mal so groß wie das Mutterland.	**L**
8	Wie stand es finanziell um die Handelsunternehmen in Kolonien? ► Sie erzielten große finanzielle Gewinne.	**A**
9	Welchen Gewinn erzielte der deutsche Staat mit seinen Kolonien? ► Deutschland erzielte Verluste.	**N**
10	Durch welchen Vertrag und wann gab Deutschland seine Kolonien auf? ► Durch den Versailler Vertrag von 1919.	**D**

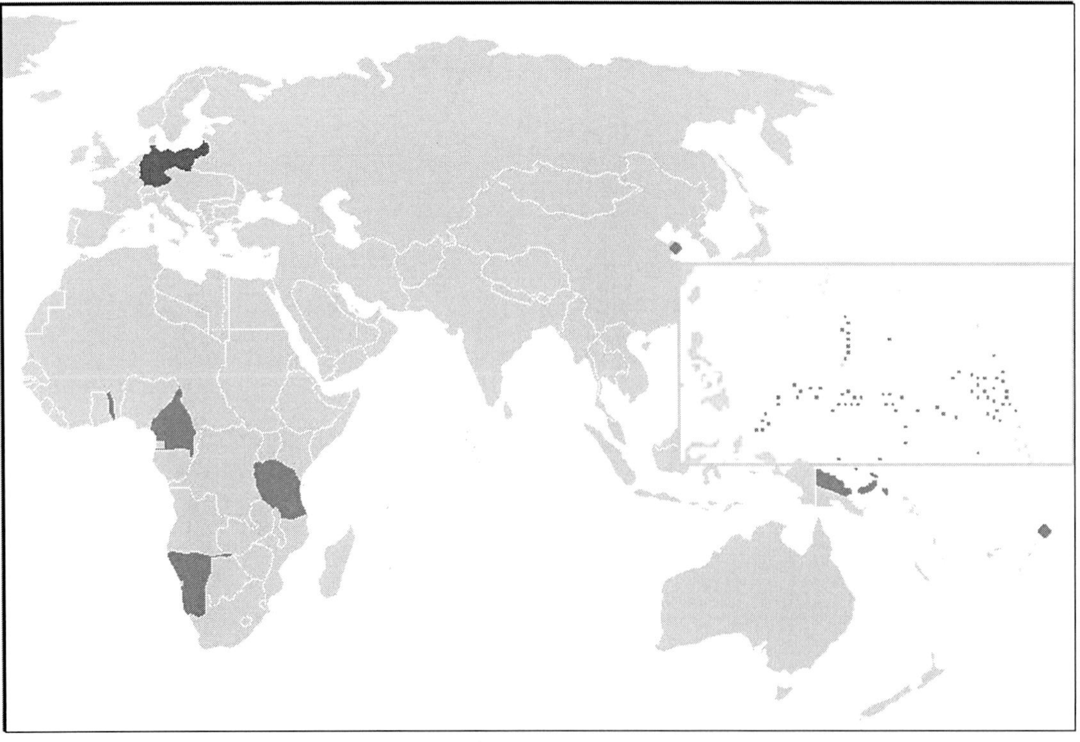

Deutsche Kolonien 1914 vor dem 1. Weltkrieg

Deutsche Kolonien

Aufgabe 2: *Beantworte die folgenden Fragen stichwortartig:*

a) *Was waren die Gründe für Deutschland, auch Kolonien zu erwerben?*

b) *Welche Funktion hatten die sogenannten Schutztruppen?*

c) *Es gab in den deutschen Kolonien keine Sklaverei. Wie wurden die Einheimischen behandelt?*

d) *Warum kam es immer wieder zu Aufständen der Einheimischen?*

e) *Warum sollten Deutsche Einheimische nicht heiraten?*

f) *Warum erzielte Deutschland mit seinen Kolonien keine Gewinne?*

KOHL VERLAG Stationenlernen KOLONIALISMUS Sekundarstufe – Bestell-Nr. 12 786

Deutsche Kolonien

Lösungen

<u>Aufgabe 2</u>: a) Gründe waren Prestigedenken, zunehmender Nationalismus und die Ablenkung von innerstaatlichen Problemen. Vor allem Kaufleute hatten die Regierung gedrängt, ihren Handel in den Kolonien zu schützen.

b) Ihre Aufgabe bestand darin, einen reibungslosen Handel deutscher Unternehmen mit den Kolonien zu gewährleisten, indem Aufstände der Einheimischen verhindert bzw. unterbunden wurden.

c) Sie wurden zu Zwangsarbeit gezwungen und unterdrückt. Vor allem farbige Einheimische wurden als minderwertig betrachtet. Sie mussten dienen und gehorchen.

d) Das Deutsche Reich unterdrückte die Sitten, Normen und Wertvorstellungen der Einheimischen, sie wurden in erster Linie als Arbeitskräfte angesehen, die zu gehorchen hatten. Aufstände, die so entstanden, wurden von Soldaten der Besatzungsmacht meist brutal niedergeschlagen.

e) Damit das deutsche Volk „rassisch sauber" bleibt.

f) Die Verwaltung der Kolonien bedurfte ständiger Subventionen.
Die Unterdrückung aufbegehrender Eingeborener war sehr kostspielig.

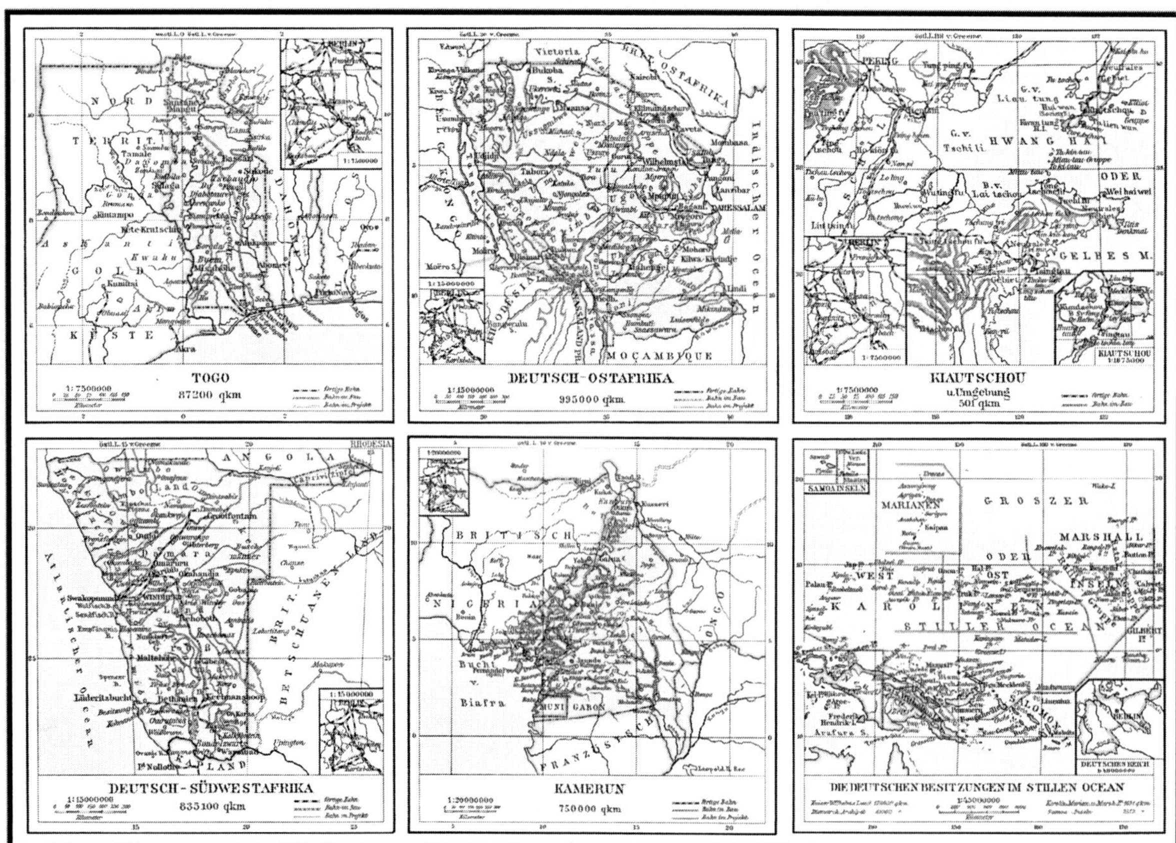

Deutsche Kolonien 1910

Boxer-Aufstand und Aufstand der Herero

Boxer-Aufstand: Die Kolonialmächte in China, u. a. auch in Deutschland, bestimmten immer mehr das öffentliche Leben der Bevölkerung und versuchten auch, diese zum christlichen Glauben zu missionieren. Im Frühjahr 1900 begann ein Aufstand, der von dem Geheimbund „Die Boxer" getragen wurde und das Ziel der Befreiung Chinas von ausländischer Einflussnahme hatte. Die Ermordung des deutschen Gesandten Clemens Freiherr von Ketteler am 20. Juni 1900 veranlasste die Kolonialmächte auf Initiative von Kaiser Wilhelm II. schließlich zu einem gemeinsamen Vorgehen gegen die Aufständischen. Der Deutsche Graf Waldersee übernahm die Führung der alliierten Truppen, von denen das Deutsche Reich mit 20.000 Soldaten das größte Kontingent stellte.

Die internationalen Truppen besiegten zusammen mit chinesischen Verbänden sehr schnell die Aufständischen. Sie führten dann Strafexpeditionen durch, bei denen zahlreiche „Boxer" hingerichtet und Dörfer geplündert und niedergebrannt wurden. Erst mit dem Friedensvertrag von Peking am 7. September 1901 endete dieses Vorgehen. Der Friedensvertrag verpflichtete China zu hohen Kriegsentschädigungen.

Aufstand der Herero: Im Jahr 1904 wagten in der Kolonie Deutsch-Südwestafrika die Herero, ein Nomadenvolk, einen Aufstand und töteten dabei auch deutsche Siedler. Diese hatten den Herero Land weggenommen und beanspruchten nun weiteres von ihnen. Auch hatten die Herero unter rassistischer Unterdrückung durch die Kolonialverwaltung und die Siedler zu leiden.

Deutsche Besatzungstruppen drängten zusammen mit einheimischen Hilfstruppen die Herero zurück. Im August 1904 kam es am Waterberg zu einer Schlacht zwischen deutschen Truppen und den Herero. Der Versuch scheiterte, diese zur Kapitulation zu zwingen. Daraufhin gab der deutsche Generalleutnant von Trotha den Befehl zur Vernichtung der Herero. Überlebende Herero wurden bewusst in eine Steppen- und Wüstenlandschaft gedrängt, wo sie verdursteten oder verhungerten. Die Bekämpfung der Herero durch deutsche Kolonialtruppen gilt heutzutage als erster Völkermord im 20. Jahrhundert.

Aufgabe 1: *Notiere die Gründe für den Aufstand der „Boxer" und der Herero gegen die Kolonialmächte.*

Aufgabe 2: *Die Niederschlagung des Aufstands der Herero durch deutsche Kolonialtruppen wird als erster Völkermord im 20. Jahrhundert bezeichnet. Beschreibe, wie es zu diesem Völkermord kam.*

Kamelreiterkompanie der deutschen Schutztruppe während des Herero-Aufstands, 1904

Kolonialismus
Teil 1

Boxer-Aufstand und Aufstand der Herero

Lösungen

Aufgabe 1: Die chinesische Bevölkerung wehrte sich gegen den immer größer werdenden Einfluss der Kolonialmächte in China, vor allem auch deren Versuche, die Chinesen zum christlichen Glauben zu missionieren. 1900 begann ein Aufstand, den der Geheimbund der „Boxer“ anführte.

Den Herero, einem Nomadenvolk in Deutsch-Südwestafrika, nahmen die Siedler immer mehr von ihrem Land weg. Sie wurden auch rassistisch von den Siedlern und der Kolonialverwaltung unterdrückt. So kam es 1904 zu einem Aufstand.

Aufgabe 2: In der Schlacht am Waterberg wurden die Herero besiegt, aber sie wollten nicht kapitulieren. Daraufhin liess der deutsche Generalleutnant von Trotha die meisten erschießen. Nur wenige Herero überlebten dieses Massaker. Sie wurden von den deutschen Truppen in eine Steppen- und Wüstenlandschaft gedrängt, wo sie verdursteten oder verhungerten. So wurde der Volksstamm der Herero ausgerottet.

„Kommt ihr vor den Feind, so wird derselbe geschlagen! Pardon wird nicht gegeben! Gefangene werden nicht gemacht! ... daß es niemals wieder ein Chinese wagt, einen Deutschen scheel anzusehen!“

Wilhelm II. hält seine sogenannte „Hunnenrede“ bei der Verabschiedung des deutschen Ostasien-Expeditionscorps zur Niederschlagung des Boxer-Aufstands

Bekanntmachung.

Zum freiwilligen Eintritt in die Schutztruppe für Südwestafrika bereite Mannschaften der Reserve (Handwerker bevorzugt) können sich an einem Mittwoch oder Sonnabend, vormittags 11 1/2 Uhr, auf dem diesseitigen Kommando, Wielandstraße 47, Zimmer 47, zur Untersuchung auf Tropendienstfähigkeit melden.

Die Löhnung beträgt bei gänzlich freier Verpflegung für Gefreite 1100 Mk. und für Gemeine 1000 Mk. jährlich. Außerdem erhält jeder Mann bei der Einstellung eine einmalige Vergütung von 50 Mk.

Verpflichtung auf 3 1/2 Jahre.

Die durch die Reise nach Altona erwachsenden Kosten werden nicht vergütet.

Altona, den 24. Mai 1907.

Königl. Bezirks-Kommando II.

Boxer-Aufstand und Aufstand der Herero

Aufgabe 3: *Setze die Begriffe an die richtigen Stellen im Text.*

hingerichtet – Boxer – Kolonialmächten – Truppen – christlichen – Herero – Kriegsentschädigungen – Aufstand – schnell – Maßnahmen – Soldaten – niedergebrannt – Nomadenvolk – Deutschland – Völkermord – deutsche

Das öffentliche Leben in China wurde Anfang 1900 zunehmend von den ______________ bestimmt. Die Einheimischen sollten auch zum __________ Glauben bekehrt werden. Gegen diese ____________ wehrte sich die Bevölkerung. Schließlich kam es zu einem ____________, den der Geheimbund der ______ initiierte. Die Kolonialmächte entsandten daraufhin ________, um den Aufstand niederzuschlagen, was sehr __________ gelang. Deutschland stellte dabei die meisten ____________. Viele der Boxer wurden nun ______________ und Dörfer der Aufständischen _________________. China wurde zu hohen _______________ verurteilt. In Deutsch-Südwestafrika kam es 1904 zu einem weiteren Aufstand gegen die Kolonialmacht ______________, getragen von den _________. Auch dieser Aufstand wurde bald durch ___________ Truppen beendet. Dabei kam es nach der Schlacht von Waterberg zu einem ____________ an dem ______________.

Kriegsgräberstätte am Waterberg in Namibia

Stationenlernen KOLONIALISMUS
Sekundarstufe – Bestell-Nr. 12 786

Boxer-Aufstand und Aufstand der Herero

Lösungen

Aufgabe 3: Das öffentliche Leben in China wurde Anfang 1900 zunehmend von den Kolonialmächten bestimmt. Die Einheimischen sollten auch zum christlichen Glauben bekehrt werden. Gegen diese Maßnahmen wehrte sich die Bevölkerung. Schließlich kam es zu einem Aufstand, den der Geheimbund der Boxer initiierte. Die Kolonialmächte entsandten daraufhin Truppen, um den Aufstand niederzuschlagen, was sehr schnell gelang. Deutschland stellte dabei die meisten Soldaten. Viele der Boxer wurden nun hingerichtet und Dörfer der Aufständischen niedergebrannt. China wurde zu hohen Kriegsentschädigungen verurteilt. In Deutsch-Südwestafrika kam es 1904 zu einem weiteren Aufstand gegen die Kolonialmacht Deutschland, getragen von den Herero. Auch dieser Aufstand wurde bald durch deutsche Truppen beendet. Dabei kam es nach der Schlacht von Waterberg zu einem Völkermord an dem Nomadenvolk.

Eine Herero mit typischem Kopfschmuck

Deutsche Kolonien nach 1919

Aufgrund des Versailler Vertrages von 1919 musste Deutschland als Verlierer des 1. Weltkrieges seine Kolonien abtreten. Begründet wurde die Abtretung mit dem Vorwurf, Deutschland habe bei der Zivilisation der kolonialen Gebiete versagt, denn es habe die Einwohner durch Zwangsarbeit, Gewalt und brutale Niederschlagung von Aufständen unterdrückt.

Die Kolonien bekamen allerdings nicht das Recht auf Selbstbestimmung, denn dazu sei die jeweilige Bevölkerung angeblich noch nicht fähig. Sie wurden zu Mandatsgebieten des Völkerbundes erklärt. Das bedeutete, sie wurden Großbritannien, Frankreich, Belgien, Portugal, Japan, Australien, Neuseeland bzw. der Südafrikanischen Union übergeben. Diese Staaten übernahmen die Verantwortung für die Verwaltung der Kolonien und sollten sie langfristig auf ihre Unabhängigkeit vorbereiten.

In der Zeit der Weimarer Republik (1919-1933) gab es in Deutschland Bestrebungen von Wirtschaftsunternehmen und Politikern, die Kolonien zurückzubekommen, was allerdings nicht verwirklicht wurde. Nach der Machtübernahme der Nationalsozialisten 1933 wurden erneut Pläne für die Wiedergewinnung von Kolonien vor allem in Afrika durch Deutschland entwickelt. Da aber dann der 2. Weltkrieg begann, den Deutschland ja verlor, wurden auch diese Pläne nicht realisiert. Wieder Kolonien zu erwerben war für die 1949 gegründete Bundesrepublik Deutschland und die im selben Jahr entstandene Deutsche Demokratische Republik kein Thema.

Aufgabe 1: *1919 verlor Deutschland aufgrund des Versailler Vertrages seine Kolonien. Die Siegermächte des 1. Weltkrieges begründeten diese Entscheidung damit, dass Deutschland bei der Zivilisation seiner kolonialen Gebiete versagt habe.*
Was hälst du von dieser Begründung, scheint sie dir gerechtfertigt, vergleichst du das Verhalten anderer Kolonialmächte mit dem Deutschlands?

Aufgabe 2: *Die deutschen Kolonien bekamen den Status von Mandatsgebieten. Erläutere, was darunter zu verstehen ist.*

Stationenlernen KOLONIALISMUS Sekundarstufe – Bestell-Nr. 12 786
KOHL VERLAG

Deutsche Kolonien nach 1919

Lösungen

Aufgabe 1: Dieser Vorwurf gründete vor allem darauf, dass Deutschland gegenüber den Einwohnern seiner Kolonien Gewalt ausgeübt habe und sie durch Zwangsarbeit unterdrückte. Dieser Vorwurf war allerdings ziemlich fadenscheinig, denn andere Kolonialmächte hatten sich nicht viel anders im Laufe der Zeit gegenüber der Bevölkerung ihrer Kolonien verhalten.

Aufgabe 2: Die Kolonien wurden nicht unabhängig, da die jeweilige Bevölkerung dazu angeblich noch nicht fähig sei. Der Völkerbund erklärte sie daher zu sogenannten Mandatsgebieten. Das bedeutete, andere Staaten, z. B. Großbritannien, Frankreich etc. bekamen die Verwaltung der Kolonien übertragen. Sie sollten diese so langfristig auf die Unabhängigkeit vorbereiten.

1919 verlor Deutschland seine Kolonien wieder. Dabei musste sich Deutschland zu Beginn seines Kolonialismus erst einmal daran gewöhnen:

Karikatur von 1885 zu Bismarcks Kolonialpolitik:
Muß ich denn die Mode mitmachen? – Nur Mut(h), gnädige Frau. Wenn Sie das Neue auch im Anfang etwas geniert, so gi(e)bt es Ihnen doch ein brillantes Relief nach außen.

Deutsche Kolonien nach 1919

Aufgabe 3: *Gesucht werden senkrecht und waagerecht 10 Begriffe. Aus den hervorgehobenen Kästchen ergibt sich richtig geordnet ein Lösungswort.*

1. Aufgrund welchen Vertrages musste Deutschland nach dem 1. Weltkrieg seine Kolonien abtreten?
2. Deutschland wurde von den Siegermächten vorgeworfen, es habe die Bevölkerung in den Kolonien brutal ...
3. Die abgetretenen Kolonien bekamen allerdings nicht welches Recht zugestanden?
4. Der Völkerbund übernahm welche Funktion in den Kolonien?
5. Großbritannien, Frankreich und andere Staaten übernahmen die Verantwortung für die ... der Kolonien.
6. Die Kolonien sollten auf welchen Zustand langfristig vorbereitet werden?
7. In der Weimarer Republik forderten Wirtschaftsunternehmen und Politiker, was zurückzubekommen?
8. Dieses Anliegen wurde allerdings nicht ...
9. Welche Gruppierung forderte nach Ende der Weimarer Republik die Wiedergewinnung von Kolonien?
10. Der Erwerb von Kolonien kam für die Bundesrepublik Deutschland nicht ...

Lösungswort:

1	2	3	4	5	6	7	8	9	10

Lösungen

Deutsche Kolonien nach 1919

Aufgabe 3:

1 VERSAILLER
2 UNTERDRÜCKT
3 SELBSTBESTIMMUNG
4 MANDAT
5 VERWALTUNG
6 UNABHÄNGIGKEIT
7 KOLONIEN
8 VERWIRKLICHT
9 NATIONALSOZIALISTEN
10 INFRAGE

Lösungswort:

1	2	3	4	5	6	7	8	9	10
U	N	A	B	H	Ä	N	G	I	G

Dekolonisation

!

Unter Dekolonisation werden die sozialen, wirtschaftlichen und kulturellen Entwicklungen verstanden, die zum Ablösungsprozess und schließlich zur staatlichen Unabhängigkeit einer Kolonie führen.

Die amerikanischen und karibischen Kolonialterritorien hatten bereits im späten 18. und frühen 19. Jahrhundert ihre Unabhängigkeit erkämpft. Die Siedlerkolonien des Britischen Empire in Kanada, Australien, Neuseeland und Südafrika erlangten im 19. bzw. zu Beginn des 20. Jahrhunderts zumindest eine Teilautonomie. Nach dem 2. Weltkrieg kam es zu einer immer umfassenderen Dekolonisation. Zum einen, weil die Mutterländer ihre Kolonien nicht mehr finanzieren konnten. Zum anderen hatten einheimische Truppen aus den Kolonien die Truppen der Kolonialmächte während des Krieges verstärkt, da diese im Gegenzug versprachen, nach dem Krieg den Kolonien größere Selbstverwaltung zu gewähren.

Der Prozess der Ablösung beherrschter Territorien von ihren jeweiligen „Mutterländern" verlief sehr unterschiedlich. In vielen Fällen, z. B. Ceylon, Ghana oder Tschad, zogen sich die Kolonialmächte weitgehend friedlich zurück und übergaben die Macht an einheimische Eliten. In anderen Kolonien, z. B. Algerien, „British Malaya“ oder Kenia, gingen der politischen Autonomie jahrelange blutige Auseinandersetzungen zwischen antikolonialen Gruppierungen und der jeweiligen Kolonialmacht voraus. In wenigen Ausnahmefällen wurden Kolonien autonom, weil die Siegermächte des 2. Weltkrieges das vertraglich bestimmten. So wurde z. B. Korea, ehemals Japanische Kolonie, unabhängig.

Ihre Autonomie erlangten die Kolonien zu sehr unterschiedlichen Zeitpunkten, z. B. Indien 1947, Libyen 1951, Algerien 1962, Katar 1971, Simbabwe 1980, Namibia erst 1990. Heute bestehen auf der Erde fast 200 offiziell unabhängige Staaten. Nach ihrer Unabhängigkeit ergaben sich jedoch für viele Kolonien weitreichende Probleme als Hinterlassenschaften der ehemaligen Kolonialmacht. Beispielsweise Probleme durch willkürlich festgelegte Grenzen, landwirtschaftliche Monokulturen und eine unzureichende Industrialisierung.

Aufgabe 1: *Erkläre den Begriff Dekolonisation.*

Aufgabe 2: *Es gab drei unterschiedliche Wege, wie sich die Kolonien nach dem 2. Weltkrieg von ihren Mutterländern lösten. Beschreibe diese kurz.*

Aufgabe 3: *Nach ihrer Unabhängigkeit ergaben sich für viele Kolonien Probleme durch künstliche Grenzen und landwirtschaftliche Monokulturen. Erläutere, was mit diesen Problemen gemeint ist. Schaue dazu auch im Internet nach.*

Aufgabe 4: *Informiere dich im Internet, welche heute bestehende Staaten aus den ehemaligen deutschen Kolonien hervorgegangen sind.*

KOHL VERLAG
Stationenlernen KOLONIALISMUS
Sekundarstufe – Bestell-Nr. 12 786

Dekolonisation

Lösungen

Aufgabe 1: Dekolonisation bedeutet die allmähliche Ablösung der Kolonie von ihrem Mutterland bis hin zur staatlichen Unabhängigkeit. Der Ablösungsprozess verläuft in wirtschaftlicher, sozialer und kultureller Weise.

Aufgabe 2:
- Der Rückzug der Kolonialmacht und die Machtübernahme durch einheimische Eliten verlief weitgehend friedlich.
- Erst nach jahrelangen Kämpfen und blutigen Auseinandersetzungen zwischen den Einheimischen und der Kolonialmacht erreichte die Kolonie ihre Unabhängigkeit.
- Die Verliererstaaten des 2. Weltkrieges, u. a. Deutschland, wurden nach ihrer Kapitulation gezwungen, ihre Kolonien abzutreten, die so die Unabhängigkeit bekamen. Das geschah aber nur in ganz wenigen Ausnahmefällen.

Aufgabe 3: Bei der Grenzziehung wurde nicht auf ethnische und historische Gegebenheiten geachtet. Volksstämme und Familien wurden durch diese getrennt, langjährige Handelsrouten zur Versorgung der Bevölkerung und Infrastrukturen unterbrochen. In vielen Gebieten der neu entstandenen Länder konnte die Staatsmacht nicht präsent sein, und so kam es zu Konflikten der Stämme untereinander, die schwer einzudämmen waren.

Bei Monokulturen handelt es sich um den Anbau einer einzigen Pflanzenart über mehrere Jahre hinweg auf derselben Fläche, z. B. Baumwolle oder Kaffee. Diese Anbauweise hatten die Kolonialmächte überwiegend betrieben, denn es ging ihnen ja primär um landwirtschaftliche Rohstoffe, die in den Heimatländern gewinnbringend verkauft wurden.

Monokulturen führen zu einer Zerstörung des natürlichen Ökosystems, denn der Boden ist einseitig belastet, sodass die Mineralien in ihm immer weiter abnehmen. Durch diese Verarmung leidet die Bodenqualität, die Pflanzen können nicht mehr optimal wachsen. Im schlimmsten Fall sterben sie ab, sodass die Ernte verloren ist. Um das zu verhindern, werden chemische Düngemittel eingesetzt. Dadurch entstehen aber gesundheitliche Risikofaktoren für die Verbraucher, die umliegenden Gewässer werden belastet, die natürliche Bodenfauna wird zerstört. So kann es zu Hungersnöten und einer gesundheitlichen Schädigung der Bevölkerung kommen.

Aufgabe 4: Das deutsche Kolonialreich umfasste Teile der heutigen Staaten Volksrepublik China, Burundi, Ruanda, Tansania, Namibia, Kamerun, Gabun, Republik Kongo, Zentralafrikanische Republik, Tschad, Nigeria, Togo, Ghana, Papua-Neuguinea und mehrere Inseln im Westpazifik und in Mikronesien.

Dekolonisation

Aufgabe 5: *Verbinde die Fragen mit den passenden Antworten. Die Buchstaben ergeben ein Lösungswort.*

1	Welche Kolonien hatten schon Anfang des 19. Jahrhunderts ihre Unabhängigkeit erkämpft?
2	Welche Kolonien erlangten im 19. Jahrhundert eine Teilautonomie?
3	Nenne einen der beiden Gründe, warum es nach dem 2. Weltkrieg zu einer immer umfassenderen Dekolonisation kam.
4	Aus welchen Kolonien zogen sich die Kolonialmächte friedlich zurück?
5	In welchen Kolonien gab es jahrelange Kämpfe zwischen Einheimischen und Kolonialtruppen, ehe sie die Unabhängigkeit erlangten?
6	Wie erlangte Korea seine Unabhängigkeit?
7	Erlangten die Kolonien ihre Unabhängigkeit zu einem bestimmten Zeitpunkt?
8	In welchen drei Bereichen vollzieht sich die Dekolonisation?

E	Die Mutterländer konnten ihre Kolonien nicht mehr finanzieren.
H	Das war in Algerien, Malaya und Kenia der Fall.
E	Die Siegermächte des 2. Weltkrieges hatten das vertraglich bestimmt.
R	Kolonien in Kanada, Australien, Neuseeland und Südafrika
I	Nein, das geschah zu sehr unterschiedlichen Zeitpunkten.
F	Es waren die amerikanischen und karibischen Kolonien.
T	Sie verläuft auf wirtschaftlicher, sozialer und kultureller Ebene.
I	In Ceylon, Ghana, Tschad übergaben die Kolonialmächte die Macht an einheimische Eliten.

Lösungswort:

1	2	3	4	5	6	7	8

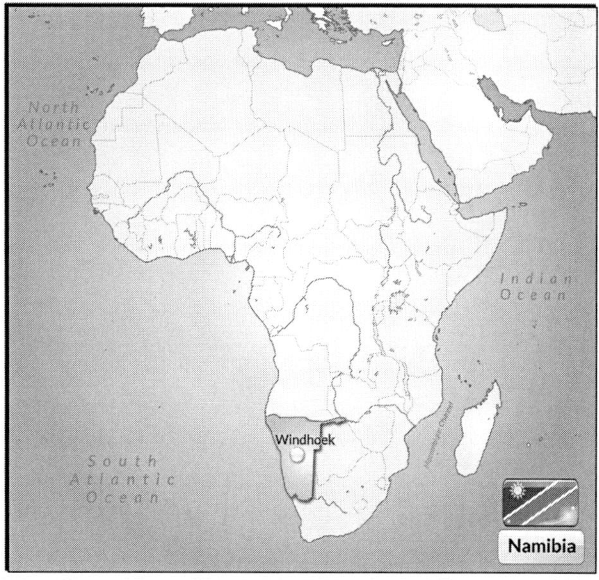

Namibia erhielt erst 1990 seine Unabhängigkeit.

Stationenlernen KOLONIALISMUS
Sekundarstufe – Bestell-Nr. 12 786
KOHL VERLAG

Dekolonisation

Lösungen

Aufgabe 5:

1	Welche Kolonien hatten schon Anfang des 19. Jahrhunderts ihre Unabhängigkeit erkämpft? ▶ Es waren die amerikanischen und karibischen Kolonien.	**F**
2	Welche Kolonien erlangten im 19. Jahrhundert eine Teilautonomie? ▶ Kolonien in Kanada, Australien, Neuseeland und Südafrika	**R**
3	Nenne einen der beiden Gründe, warum es nach dem 2. Weltkrieg zu einer immer umfassenderen Dekolonisation kam. ▶ Die Mutterländer konnten ihre Kolonien nicht mehr finanzieren.	**E**
4	Aus welchen Kolonien zogen sich die Kolonialmächte friedlich zurück? ▶ In Ceylon, Ghana, Tschad übergaben die Kolonialmächte die Macht an einheimische Eliten.	**I**
5	In welchen Kolonien gab es jahrelange Kämpfe zwischen Einheimischen und Kolonialtruppen, ehe sie die Unabhängigkeit erlangten? ▶ Das war in Algerien, Malaya und Kenia der Fall.	**H**
6	Wie erlangte Korea seine Unabhängigkeit? ▶ Die Siegermächte des 2. Weltkrieges hatten das vertraglich bestimmt.	**E**
7	Erlangten die Kolonien ihre Unabhängigkeit zu einem bestimmten Zeitpunkt? ▶ Nein, das geschah zu sehr unterschiedlichen Zeitpunkten.	**I**
8	In welchen drei Bereichen vollzieht sich die Dekolonisation? ▶ Sie verläuft auf wirtschaftlicher, sozialer und kultureller Ebene.	**T**

Benjamin Franklin und Mahatma Gandhi waren sehr engagiert bei der Dekolonisation der Länder USA bzw. Indien.

Von Kolonien zu Entwicklungsländern 

Aus vielen Kolonien wurden nach deren Unabhängigkeit Entwicklungsländer, auch Länder der 3. und 4. Welt genannt. Die Mehrzahl dieser Staaten weist eine schlechte Versorgung großer Gruppen der Bevölkerung mit Nahrungsmitteln auf. Die Folgen sind Unterernährung und Hunger, ein niedriges Pro-Kopf-Einkommen, Armut, keine oder nur eine mangelhafte Gesundheitsversorgung, sehr viele Analphabeten, eine hohe Arbeitslosigkeit und eine oft extrem ungleiche Verteilung der vorhandenen Güter innerhalb der Bevölkerungsschichten.

Die Wirtschaft der meisten Entwicklungsländer ist vorwiegend durch Landwirtschaft und kaum Industrieproduktion geprägt. Nur wenn Entwicklungsländer Rohstoffe wie z. B. Erdöl, Erdgas oder andere Bodenschätze haben, die sie exportieren können, ist die wirtschaftliche Entwicklung besser. Viele Entwicklungsländer sind auch hoch verschuldet, so fehlt Kapital zum Aufbau von industriellen Produktionsstätten. Beispiele sind hier vor allem Länder in Afrika.

Entwicklungsländer bekommen vielfach Entwicklungshilfe durch die Industriestaaten, z. B. Lebensmittel, um Hungersnöte zu bekämpfen, Hilfen zum Bau von Straßen, um eine langfristige Versorgung zu sichern, Hilfen zur Einrichtung von Schulen etc. Auch private Hilfswerke leisten Entwicklungshilfe, z. B. „Brot für die Welt", MISEREOR oder die „Deutsche Welthungerhilfe". Häufig führt Entwicklungshilfe allerdings dazu, dass die Länder sich auf diese verlassen und keine eigene Initiative ergreifen, um ihre Situation zu verbessern. Daher wird versucht, Entwicklungshilfe möglichst als Hilfe zur Selbsthilfe anzubieten, z. B. werden Darlehen an Familien vergeben, die mit diesem Geld ein Stück Land pachten und bearbeiten oder selbst einen Handwerksbetrieb aufbauen.

Allerdings gibt es auch Entwicklungsländer, die im Laufe der Jahre ein starkes Wirtschaftswachstum entwickelten, welches vor allem durch den Export weltweit gefragter Güter bedingt ist, z. B. von Sojabohnen, Eisenerzen oder Rohölen. Wenn auch noch eine Industrieproduktion entstand, z. B. produziert Brasilien Personenkraftfahrzeuge für VW, bezeichnet man solche Länder als Schwellenländer, d. h. auf der Schwelle zu Industriestaaten.

Aufgabe 1: *Welche der folgenden Aussagen sind richtig? Korrigiere dann die falschen Aussagen, indem du den passenden wahren Inhalt als Aussage ausdrückst.*

		Wahr	Falsch
1	Durch den Bau von Schulen wird versucht, die Analphabeten-Quote zu reduzieren.		
2	Die Entwicklungsländer ergreifen bedingt durch die Entwicklungshilfe Eigeninitiativen, ihre Wirtschaft anzukurbeln.		
3	Die Arbeitslosigkeit geht langsam aber beständig zurück.		
4	Die Gesundheitsversorgung der Bevölkerung ist kaum gegeben.		
5	Die Bevölkerung leidet vielfach an Unterernährung und Hunger.		
6	Entwicklungsländer haben ein durchschnittliches Pro-Kopf-Einkommen.		
7	Viele Entwicklungsländer haben inzwischen ein starkes Wirtschaftswachstum entwickelt.		

Aufgabe 2: *Nenne Beispiele, in welcher Form Entwicklungshilfe erfolgen kann.*

Aufgabe 3: *Entwicklungshilfe wird immer häufiger als Hilfe zur Selbsthilfe gewährt. Was ist unter dieser Art der Hilfe zu verstehen?*

Stationenlernen KOLONIALISMUS
Sekundarstufe – Bestell-Nr. 12 786

Von Kolonien zu Entwicklungsländern

Lösungen

Aufgabe 1:

	Richtige Aussagen
1	Durch den Bau von Schulen wird versucht, die Analphabeten-Quote zu reduzieren.
4	Die Gesundheitsversorgung der Bevölkerung ist kaum gegeben.
5	Die Bevölkerung leidet vielfach an Unterernährung und Hunger.

	Die falschen Aussagen korrigiert
2	Die Entwicklungsländer verlassen sich auf die Entwicklungshilfe und ergreifen keine Eigeninitiativen, ihre Wirtschaft anzukurbeln.
3	Die Arbeitslosigkeit ist hoch und bleibt oft lange bestehen.
6	Entwicklungsländer haben ein niedriges Pro-Kopf-Einkommen.
7	Nur wenige Entwicklungsländer haben inzwischen ein starkes Wirtschaftswachstum entwickelt.

Aufgabe 2:

- Lebensmittel werden eingeführt und an die Bevölkerung verteilt, um Hungersnöte zu bekämpfen.
- Bei der Einrichtung von Schulen wird mit finanziellen Mitteln geholfen.
- Entwicklungshelfer leiten die Bevölkerung an, wie man Straßen anlegt, um so eine langfristige Versorgung der Bevölkerung mit Gütern auch in entlegeneren Gegenden sicherzustellen.
- Entwicklungshelfer zeigen den Bauern, wie sie bessere Erträge aus ihren Feldern erzielen können.
- Medizinische Versorgungsstützpunkte werden eingerichtet, in denen z. B. „Ärzte ohne Grenzen" die Einheimischen behandeln.

Aufgabe 3: Entwicklungshilfe kann dazu führen, dass die Länder sich auf diese verlassen und keine eigene Initiative ergreifen, um ihre Situation zu verbessern. So wird zunehmend Entwicklungshilfe nicht mehr durch Projekte geleistet, z. B. den Bau einer Straße, sondern sie erfolgt in Form von kleinen zinsniedrigen Darlehen an Familien. Diese können sich mit diesem Geld ein Stück Land pachten, das sie dann bewirtschaften und von seinen Erträgen leben. Solche Darlehen werden auch vergeben, um einen Handwerksbetrieb zu gründen oder als Händler tätig zu werden.

Von Kolonien zu Entwicklungsländern

Aufgabe 4: *Setze die Begriffe an die richtigen Stellen im Text.*

Selbsthilfe – Schicht – verschuldet – Nahrungsmitteln – exportiert – Afrika – Entwicklungsländern – Industrieproduktion – Hunger – Entwicklungshilfe – Bevölkerung – Analphabeten – Hilfswerke – Arbeitslosigkeit – Bodenschätze

Nach ihrer Unabhängigkeit wurden viele Kolonien zu ________________. Viele dieser Länder sind nicht in der Lage, ihre ____________ ausreichend mit ______________ zu versorgen, was zu Unterernährung und _________ führt. Auch ist die Gesundheitsvorsorge sehr schlecht und es gibt viele _____________. Da viele Entwicklungsländer hoch _____________ sind, fehlt Kapital, um eine _________________ vorantreiben zu können. Die _______________ ist hoch. Nur eine kleine _________ ist sehr reich. Sind in den Entwicklungsländern allerdings Rohstoffe bzw. ________________ vorhanden, die ______________ werden, sieht die wirtschaftliche Lage besser aus. Beispiele sind hier vor allem Länder in _________. Industriestaaten und private _________ versuchen durch ______________ die wirtschaftliche Lage in den Ländern zu verbessern, wobei Entwicklungshilfe möglichst als Hilfe zur ____________ angeboten werden sollte.

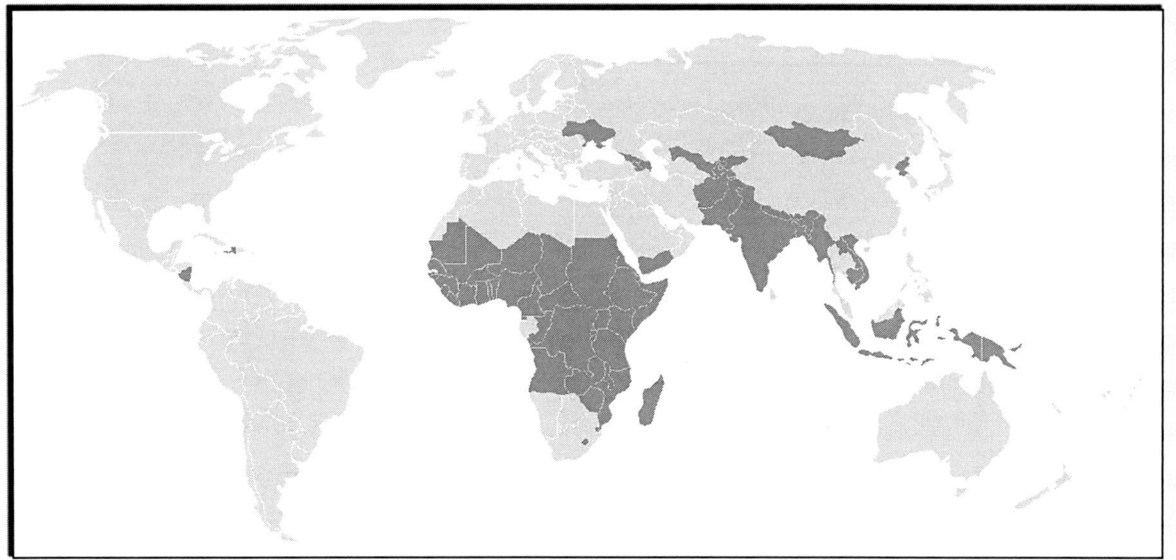

Die Staaten mit dem geringsten Pro-Kopf-Einkommen (rot)

Von Kolonien zu Entwicklungsländern

Lösungen

Aufgabe 4: Nach ihrer Unabhängigkeit wurden viele Kolonien zu Entwicklungsländern. Viele dieser Länder sind nicht in der Lage, ihre Bevölkerung ausreichend mit Nahrungsmitteln zu versorgen, was zu Unterernährung und Hunger führt. Auch ist die Gesundheitsvorsorge sehr schlecht und es gibt viele Analphabeten. Da viele Entwicklungsländer hoch verschuldet sind, fehlt Kapital, um eine Industrieproduktion vorantreiben zu können. Die Arbeitslosigkeit ist hoch. Nur eine kleine Schicht ist sehr reich. Sind in den Entwicklungsländern allerdings Rohstoffe bzw. Bodenschätze vorhanden, die exportiert werden, sieht die wirtschaftliche Lage besser aus. Beispiele sind hier vor allem Länder in Afrika. Industriestaaten und private Hilfswerke versuchen durch Entwicklungshilfe die wirtschaftliche Lage in den Ländern zu verbessern, wobei Entwicklungshilfe möglichst als Hilfe zur Selbsthilfe angeboten werden sollte.

Diamanten schürfen in Sierra Leone

Neokolonialismus

Nach der Unabhängigkeit der Kolonien zeigte sich Kolonialismus sehr oft in veränderter Form, und zwar als Neokolonialismus. Vor allem multinationale Konzerne beuteten (und tun das immer noch) die ehemaligen Kolonien aus. Die Ausbeutung erfolgt in der Form, dass Güter von den Einheimischen in Fabriken der „Multis" bei extrem niedrigen Löhnen und unter miserablen Arbeitsbedingungen hergestellt werden. Auch Rohstoffe und Bodenschätze werden so gewonnen. Diese Güter werden dann in die Industriestaaten exportiert und dort mit hohem Profit (die Herstellungskosten sind ja sehr niedrig) verkauft.

Politiker in den Entwicklungsländern erhalten häufig Bestechungsgelder von den „Multis", so tolerieren sie deren Vorgehen. Die Korruption ist also die Begleiterin des Neokolonialismus (abgeleitet von: *corruptio (lat.) = Verführung, Bestechung; neos (grie.) = neu)*.

Die Banken der Industrieländer verlangen auch in den ehemaligen, jetzt unabhängigen Kolonien für Kredite hohe Zinsen, daher können in den Entwicklungsländern nur in geringem Maße eigene Unternehmen von Einheimischen gegründet werden.

So entstand eine neue Abhängigkeit. Diese besteht nun nicht mehr darin, dass die Mutterländer ihren Kolonien vorschreiben, was sie zu tun haben, sondern sie hat sich zu einer wirtschaftlichen und finanziellen Abhängigkeit von multinationalen Konzernen gewandelt, die so viel wie möglich Profit aus den Entwicklungsländern rauszuholen versuchen.

Aufgabe 1: *Erkläre, was unter Neokolonialismus zu verstehen ist und wie dieser abläuft.*

Aufgabe 2: *Ergänze die folgenden Aussagen.*

1. *Neokolonialismus geht einher mit Korruption. Dieses Wort bedeutet ...*
2. *Damit Politiker das Tun der „Multis" tolerieren, erhalten sie von diesen ...*
3. *Wollen Einheimische ein Unternehmen gründen, bekommen sie dafür zwar Kredite der Banken, aber nur zu ...*
4. *Die ehemaligen Kolonien sind nicht mehr abhängig von ihren Mutterländern, aber nun von ...*
5. *Arbeiter in den Fabriken der „Multis" werden sehr ...*
6. *Das Bestreben der „Multis" ist, so viel wie möglich ...*

Neokolonialismus

Lösungen

Aufgabe 1: Multinationale Konzerne beuten nun die ehemaligen Kolonien aus. Rohstoffe und Bodenschätze werden von den Einheimischen abgebaut, die dafür extrem wenig Lohn bekommen. In Fabriken, die sich in ehemaligen Kolonien befinden, aber den „Multis" gehören, werden Güter für den Export in die Industriestaaten produziert, auch hier bei sehr niedrigem Lohnniveau. Häufig sind dabei auch die Arbeitsbedingungen sehr schlecht und gefährlich. In den Industriestaaten werden die in dieser Weise hergestellten Güter mit hohem Profit von den „Multis" verkauft. Politiker der ehemaligen Kolonien werden mit Geld bestochen, die geschilderten Arbeitsbedingungen gelten zu lassen und ein Aufbegehren der Einheimischen dagegen zu unterbinden (= Korruption).

Trocknung von Kaffeebohnen

Aufgabe 2:

1. *Neokolonialismus geht einher mit Korruption. Dieses Wort bedeutet Verführung, Bestechung.*
2. *Damit Politiker das Tun der „Multis" tolerieren, erhalten sie von diesen Bestechungsgelder.*
3. *Wollen Einheimische ein Unternehmen gründen, bekommen sie dafür zwar Kredite der Banken, aber nur zu hohen Zinsen.*
4. *Die ehemaligen Kolonien sind nicht mehr abhängig von ihren Mutterländern, aber nun von multinationalen Unternehmen.*
5. *Arbeiter in den Fabriken der „Multis" werden sehr schlecht bezahlt.*
6. *Das Bestreben der „Multis" ist, so viel wie möglich Profit zu erzielen.*

Neokolonialismus

Aufgabe 3: **a)** *Die Arbeiter in den Fabriken der Entwicklungsländer erhalten sehr geringe Löhne und haben sehr schlechte Arbeitsbedingungen. Siehst du Möglichkeiten, wie sie sich dagegen zur Wehr setzen könnten?*

b) *Die geringe Bezahlung der einheimischen Arbeiter wird meist mit ihrer geringen beruflichen Qualifikation begründet. Für welche Tätigkeiten, die für den reibungslosen Ablauf einer Produktion auch noch wichtig sind, sollte man sie daher eigentlich qualifizieren? Nenne Beispiele für solche Tätigkeiten, die momentan meist von Angestellten aus den Industrieländern ausgeführt werden.*

c) *Die Industrieländer sind vielfach davon abhängig, dass in den Entwicklungsländern die Güterproduktion reibungslos verläuft. Warum ist das der Fall?*

d) *Wie könnte verhindert werden, dass durch Korruptionsgelder der Multis an die Politiker der Entwicklungsländer diese die miserablen Arbeitsbedingungen tolerieren?*

KOHL VERLAG Stationenlernen KOLONIALISMUS Sekundarstufe – Bestell-Nr. 12 786

Neokolonialismus

Lösungen

Aufgabe 3: a) Sich zu Gewerkschaften zusammenschließen, mit Streik drohen, wenn die Löhne nicht angehoben werden bzw. die Arbeitsbedingungen sich nicht verbessern. Über die Zustände in den Fabriken die Medien in den Industriestaaten informieren, damit so Druck auf die Unternehmen entsteht, die Arbeitsbedingungen zu verändern.

b) Arbeiten im IT-Bereich und der Digitalisierung. Organisation der Gesamtproduktion, Vorgesetzten- und Führungsaufgaben, Kontrollaufgaben bezüglich Qualität der Güter, Logistikaufgaben beim Versenden der produzierten Waren etc.

c) Gibt es Kriege oder Unruhen, können die Grund- bzw. Rohstoffe für Güter, die in den Industriestaaten hergestellt werden, z. B. Seltene Erden, Kupfer, Öl, Gas, nicht mehr in ausreichenden Mengen bzw. rechtzeitig geliefert werden. So kommt es zu Engpässen bzw. Preisanstiegen bei vielen Gütern.

d) In den Industrieländern muss diese Korruption immer wieder öffentlich angeprangert werden, wie es z. B. Amnesty International und Misereor tun. Es wird zum Boykott der Waren der Multis aufgerufen, die solche Arbeitsbedingungen schaffen bzw. tolerieren. Gesetze werden erlassen, dass von den Multis nachgewiesen werden muss, dass sie für faire Arbeitsbedingungen in ihren Fabriken in den Entwicklungsländern sorgen.

Globalisierung

Unter Globalisierung versteht man einen weltweiten Handel mit Waren, Dienstleistungen und Kapital, wodurch eine Verflechtung der Volkswirtschaften aller Staaten entstanden ist. Hauptakteure der Globalisierung sind multinationale Unternehmen, die ihre Waren dort auf der Welt produzieren lassen, wo die Kosten für deren Herstellung am niedrigsten sind und somit ihr Gewinn maximal ist.

Auch die ehemaligen Kolonien sind in die Globalisierung mit einbezogen. Hier sind neue Arbeitsplätze entstanden, was zur Bekämpfung der Armut beiträgt. Auch das Warenangebot in diesen Ländern ist größer geworden. Allerdings werden z. B. Textilien in Bangladesch, in Rumänien und in Indien zu Hungerlöhnen und unter sehr schlechten Arbeitsbedingungen produziert. Hinzu kommt, dass die großen Konzerne die kleinen Unternehmen vor Ort verdrängen.

Auch ökologische Probleme für die Umwelt entstehen. Da in den Entwicklungsländern vor allem in Fabriken mit veralteter Technik produziert wird, um so die Produktionskosten gering zu halten, entstehen hohe Emissionen, die die Umwelt stark belasten. Weitere Emissionen entstehen beim weltweiten Transport der Waren per LKW, Schiff, Flugzeug etc.

Durch die Globalisierung hat sich zwar die wirtschaftliche Lage der ehemaligen Kolonien verbessert, aber nach wie vor steht für die Großkonzerne die Gewinnmaximierung im Vordergrund, nicht das Wohl der Menschen in diesen Ländern.

Aufgabe 1: *Überlege dir, welche Unterschiede es zwischen Neokolonialismus und Globalisierung gibt und notiere diese dann.*

Aufgabe 2: *Welche Vor- und welche Nachteile für die ehemaligen Kolonien ergeben sich durch die Globalisierung?*

Stationenlernen KOLONIALISMUS
Sekundarstufe – Bestell-Nr. 12 786
KOHL VERLAG

Globalisierung

Lösungen

Aufgabe 1: Multinationale Konzerne ließen im Neokolonialismus Waren von der einheimischen Bevölkerung bei niedrigsten Löhnen und sehr schlechten Arbeitsbedingungen erzeugen. Diese wurden dann mit hohem Profit in die Industrieländer exportiert. Bei der Globalisierung geht es um einen gegenseitigen Warenverkehr der Entwicklungsländer mit den Industrienationen, so entstehen neue Arbeitsplätze und die Armut der Bevölkerung verringert sich, wovon beide Seiten profitieren.

Aufgabe 2: Vorteile:

Es sind neue Arbeitsplätze entstanden, so hat sich die Armut reduziert. Allerdings ist deren Lohnniveau sehr niedrig und die Arbeitsbedingungen sind schlecht. Das Warenangebot für die Bevölkerung ist gestiegen.

Nachteile:

Kleine Unternehmen Einheimischer haben kaum Chancen, sich gegen die „Multis" auf Dauer zu behaupten. Bei der Produktion von Waren entstehen hohe Emissionen, die die Umwelt stark belasten, denn in den Fabriken wird mit veralteter Technik produziert, um so die Produktionskosten niedrig zu halten. Emissionen entstehen auch beim Transport der Waren mit LKWs und Schiffen.

Globalisierung

Aufgabe 3: *Gesucht werden senkrecht und waagerecht 12 Begriffe. Aus den hervorgehobenen Kästchen ergibt sich richtig geordnet ein Lösungswort.*

1. Einen weltweiten Handel bezeichnet man mit welchem Begriff?
2. Wer treibt den weltweiten Handel voran?
3. Das Ziel der multinationalen Unternehmen ist in erster Linie ...
4. Durch die Globalisierung sind in den Entwicklungsländern neue ... entstanden.
5. Welches Angebot ist in den Entwicklungsländern gestiegen?
6. Wie könnte man die Löhne bezeichnen, die die Arbeiter in den Fabriken bekommen?
7. In welchem Land werden vor allem Textilien von den Multis produziert?
8. Kleine Unternehmen vor Ort werden von den Multis ...
9. Welche Art von Problemen entstehen durch die Globalisierung für die ganze Welt?
10. Um die Produktionskosten gering zu halten, wird mit veralteter Technik in den Fabriken produziert. Dadurch entstehen schädliche ...
11. Die produzierten Waren werden mit LKWs, Flugzeugen und ... in die Industriestaaten befördert.
12. Den Großkonzernen geht es vor allem um ihre Gewinnmaximierung, nicht aber um die ... der Menschen.

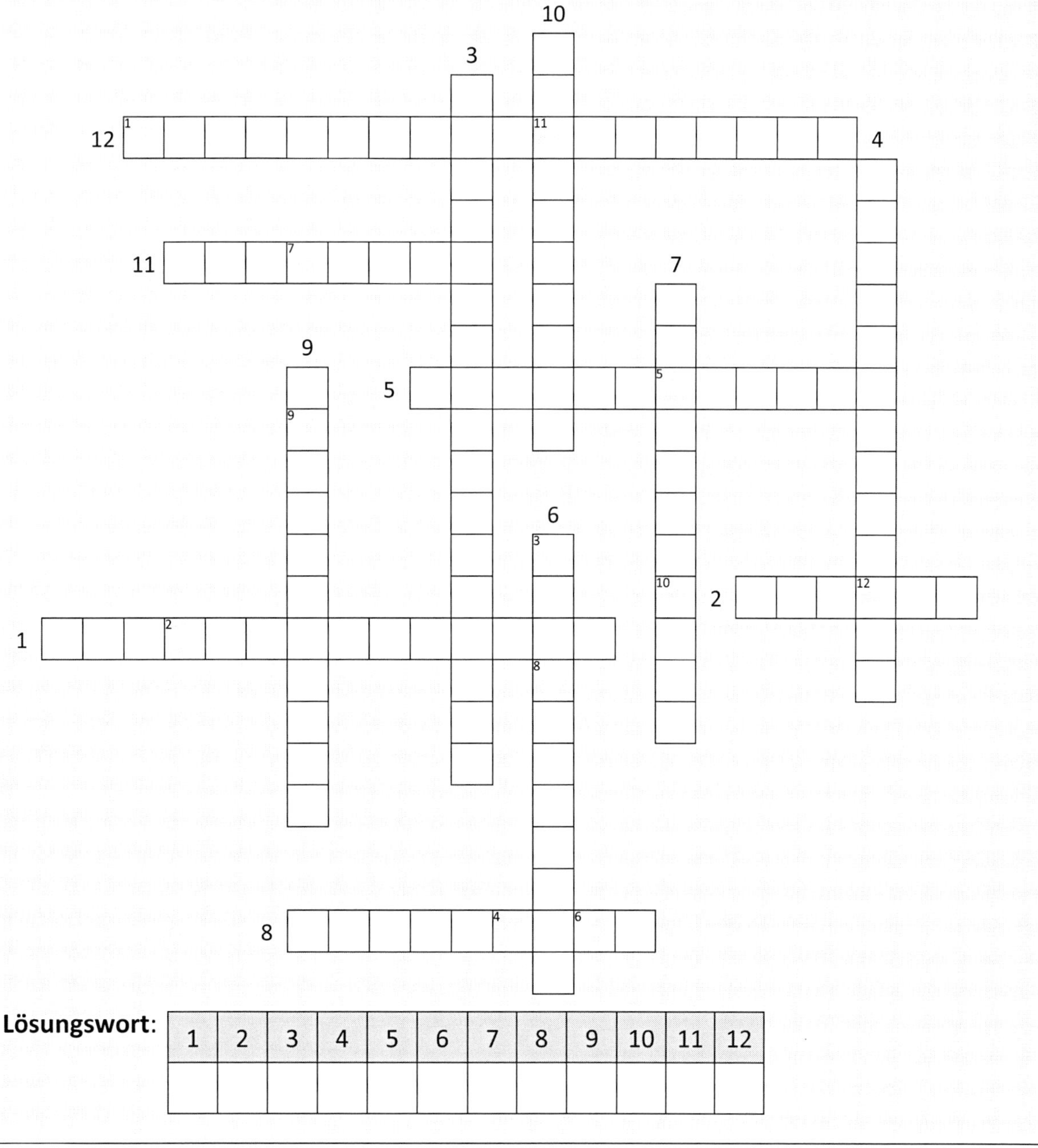

Stationenlernen KOLONIALISMUS
Sekundarstufe – Bestell-Nr. 12 786
KOHL VERLAG

Lösungen

Aufgabe 3:

10 EMISSIONEN
3 GEWINNMAXIMIERUNG
12 ARBEITSBEDINGUNGEN
4 ARBEITSPLÄTZE
11 SCHIFFEN
7 BANGLADESCH
9 ÖKOLOGISCHE
5 WARENANGEBOTS
6 HUNGERLÖHNE
2 MULTIS
1 GLOBALISIERUNG
8 VERDRÄNGT

Lösungswort:

1	2	3	4	5	6	7	8	9	10	11	12
A	B	H	Ä	N	G	I	G	K	E	I	T

Rassismus und Kolonialismus !

Der Kolonialismus war begleitet von Rassismus. Unter Rassen wurden Lebewesen einer Art verstanden, die sich durch gemeinsame äußere bzw. innere Kennzeichen von anderen Arten unterscheiden. Beispielsweise wurden Menschen nach ihrer Hautfarbe in Weiße, Schwarze, Rote und Gelbe Rassen unterteilt. Behauptet wurde, Menschen mit weißer Hautfarbe stünden in der Rangordnung der Rassen ganz oben, die mit schwarzer Hautfarbe unten, denn die weißhäutigen Menschen würden über weitaus höhere Qualitäten als die andersfarbigen Menschen verfügen.

In den Kolonien wurden die einheimischen Farbigen als „Wilde", „Untermenschen", „Stumpfsinnige" und „Faulenzer" bezeichnet und abqualifiziert. So hatte man einen scheinbar guten Grund für deren Unterdrückung gefunden.

Nach heutigen wissenschaftlichen Erkenntnissen ist die Unterscheidung von Menschen nach Rassen nicht aufrecht zu erhalten. Genetische Forschungen des Erbgutes belegen: Die Unterschiede zwischen zwei Rassen sind geringer als die innerhalb einer Rasse.

Rassismus rechtfertigte vor allem die Zuführung von Sklaven in die amerikanischen Kolonien (vgl. auch das Kapitel „Wirtschaftliche und finanzielle Interessen bei der Kolonialisierung"). Zur Verdeutlichung zwei Äußerungen von Weißen dazu:

„Die Einheimischen sind bei uns solange man denken kann grob, faul und stumpfsinnig. Gedankenlos leben sie ohne Plan von morgens bis abends dahin und fühlen sich im Dreck am wohlsten. Deshalb darf der Eingeborene sich niemals auf derselben Stufe wie der Europäer wähnen, sondern muss – Respekt und Zutrauen im Herzen haltend – zu diesem als dem in natürlicher Weise über ihm Stehenden aufschauen."

„Damit unsere Kolonie noch lange besteht und gedeiht, werden wir noch lange die Peitsche gebrauchen müssen. Denn ohne diese zu spüren ist der Neger nicht zur Arbeit bereit."

SCENE ON A COTTON PLANTATION. GATHERING COTTON.

Aufgabe 1: **a)** *Erkläre mit eigenen Worten, was unter einer Rasse verstanden wurde.*

b) *Was bedeutete Rassismus und wie wurde er gerechtfertigt?*

Aufgabe 2: *Was meinst du geht in Menschen vor, die solche Äußerungen von sich geben, wie im Text genannt?*

Rassismus und Kolonialismus

Lösungen

Aufgabe 1: **a)** Lebewesen, die einer Rasse angehören, haben gemeinsame Merkmale, z. B. die gleiche Hautfarbe, aber auch innere Merkmale, beispielsweise besitzen Rassen eine unterschiedlich hohe Intelligenz.

b) Der Rassismus ging von den Europäern aus. Menschen mit weißer Hautfarbe seien auserkoren, über andersfarbige Menschen bestimmen zu dürfen, denn sie seien diesen überlegen. Sie würden angeblich über weitaus höhere Qualitäten als die andersfarbigen Menschen verfügen. So sei es gerechtfertigt, dass Weiße die Neger beherrschen.

Aufgabe 2: Individuelle Lösungen, beispielsweise:

Die Äußerungen zeugen von einer scheinbaren Überlegenheit gegenüber anderen Menschen, was das Selbstwertgefühl stärkt. Anderen Menschen wird willkürlich unterstellt, sie seien faul und dumm, was die eigene Position aufwertet. Gewalt anderen gegenüber, z. B. die Peitsche, ist so scheinbar gerechtfertigt, denn Weiße würden von Natur aus über Schwarzen stehen. So können eigene Aggressionen, welchen Grund auch immer diese haben mögen, gerechtfertigt werden.

Rassismus und Kolonialismus

Aufgabe 3: *Verbinde die Satzanfänge mit den richtigen Satzenden. Die Buchstaben ergeben ein Lösungswort.*

1	Die Bevölkerung der Kolonien zu unterdrücken wurde u. a. damit begründet,	**S**	eine wesentlich höhere Intelligenz als andersfarbige.
2	Rassen unterscheiden sich durch gemeinsame	**S**	die diese Hautfarbe nicht haben.
3	Menschen mit weißer Hautfarbe hätten angeblich höhere Qualitäten als Menschen,	**S**	daher von den Kolonisten zur Arbeit gezwungen werden.
4	Es wurde auch behauptet, weiße Menschen hätten	**R**	die weiße Rasse sei den farbigen Rassen überlegen.
5	In den Kolonien wurde die einheimische Bevölkerung als	**U**	die Unterschiede geringer sind als innerhalb einer Rasse.
6	Die Einheimischen seien angeblich auch faul und müssten	**M**	dass Menschen nicht nach Rassen unterschieden werden können.
7	Wissenschaftliche Erkenntnisse belegen,	**S**	wurde vor allem rassistisch begründet.
8	Die Erforschung des menschlichen Erbgutes zeigte, dass zwischen zwei Rassen	**A**	äußere bzw. innere Merkmale voneinander.
9	Sklaven aus den afrikanischen Kolonien nach Amerika zu bringen	**I**	„Wilde“ und „Untermenschen“ abqualifiziert.

Srinivasa Ramanujan (1887-1920) war ein genialer indischer Mathematiker, der ganz allein bekanntes mathematisches Wissen wiederentdeckte und neues erarbeitete, das heute z. B. in der modernen Physik genutzt wird.

Stationenlernen KOLONIALISMUS
Sekundarstufe – Bestell-Nr. 12 786
KOHL VERLAG

Rassismus und Kolonialismus

Lösungen

Aufgabe 3:

1	Die Bevölkerung der Kolonien zu unterdrücken wurde u. a. damit begründet, die weiße Rasse sei den farbigen Rassen überlegen.	**R**
2	Rassen unterscheiden sich durch gemeinsame äußere bzw. innere Merkmale voneinander.	**A**
3	Menschen mit weißer Hautfarbe hätten angeblich höhere Qualitäten als Menschen, die diese Hautfarbe nicht haben.	**S**
4	Es wurde auch behauptet, weiße Menschen hätten eine wesentlich höhere Intelligenz als andersfarbige.	**S**
5	In den Kolonien wurde die einheimische Bevölkerung als „Wilde" und „Untermenschen" abqualifiziert.	**I**
6	Die Einheimischen seien angeblich auch faul und müssten daher von den Kolonisten zur Arbeit gezwungen werden.	**S**
7	Wissenschaftliche Erkenntnisse belegen, dass Menschen nicht nach Rassen unterschieden werden können.	**M**
8	Die Erforschung des menschlichen Erbgutes zeigte, dass zwischen zwei Rassen die Unterschiede geringer sind als innerhalb einer Rasse.	**U**
9	Sklaven aus den afrikanischen Kolonien nach Amerika zu bringen wurde vor allem rassistisch begründet.	**S**

Mitglieder des Ku-Klux-Klan, 1871.
Der Ku-Klux-Klan ist ein hauptsächlich in den Südstaaten der USA bestehender rassistischer Geheimbund, gegründet vor allem zur Unterdrückung der Schwarzen.

Sklavenhaltung

Insgesamt 400.000 Afrikaner wurden als Sklaven nach Amerika gebracht. In der Sklaverei wird ein Mensch zum Eigentum eines anderen Menschen. Der Sklave hat keine eigenen Rechte und ist von seinem Besitzer völlig abhängig. Sklaven wurden sehr unmenschlich behandelt. Sie mussten sehr hart arbeiten, bekamen kaum Pausen, man ließ sie selten ausruhen, sie bekamen auch Stock- und Rutenhiebe, Ohrfeigen, Peitschenschläge und Fußtritte.

Die Sklaverei hielt weltweit lange an. Selbst nach Gründung der USA im Jahr 1776 wurde vorerst an der Sklaverei festgehalten. Beginnend in der 2. Hälfte des 18. Jahrhunderts bildeten sich in immer mehr Staaten Menschenrechtsbewegungen gegen die Sklaverei. Im Jahr 1815 wurde auf dem Wiener Kongress der Sklavenhandel verboten. Aber erst 1834 wurde die Sklaverei offiziell per Gesetz in Großbritannien untersagt, 1863 in den Niederlanden, 1865 in den USA und erst 1888 in Brasilien.

Trotz der offiziellen Verbote sind laut der „Walk Free Foundation" weltweit 40,3 Millionen Menschen Opfer moderner Sklaverei und 24,9 Millionen Menschen leisten Zwangsarbeit. Der Begriff der modernen Sklaverei ist als Überbegriff für diverse Praktiken zu verstehen, z. B. Schuldknechtschaft, Zwangsarbeit, Zwangsprostitution, Zwangsehen, Kinderarbeit, Kindersoldaten, Illegale Gelegenheitsarbeit.

Aufgabe 1: *Stelle dir einmal vor, du wärest ein Sklave, der in Amerika auf einer Plantage arbeiten müsste. Wie würdest du dich dabei fühlen, wie wäre deine Behandlung durch deine Aufseher?*

Aufgabe 2: *Ein Sklave ist Eigentum eines anderen Menschen. Was bedeutet das?*

Aufgabe 3: *Welche Ereignisse führten schließlich zu einem Ende der Sklaverei? Informiere dich darüber auch im Internet.*

Sklavenhaltung

Lösungen

Aufgabe 1: Individuelle Lösungen, beispielsweise:

- Sich erniedrigt und völlig hoffnungslos fühlen;
- verzweifelt sein, die eigene Situation nicht ändern zu können;
- ständig Angst haben, körperlich gezüchtigt zu werden;
- nach der Arbeit sich total kaputt und ausgelaugt fühlen;
- Angst haben zu erkranken und dann keine Hilfe zu bekommen;
- Ekel vor den hygienischen Verhältnissen etc.

Aufgabe 2: Ein Sklave ist ein Mensch, der wie eine Sache behandelt wird. Er hat keine Freiheit, keine Rechte, sondern gehört einem Eigentümer. Der Eigentümer darf mit dem Sklaven alles machen, was er will. Er kann ihn quälen, verkaufen und sogar töten. Der Sklave muss sehr hart arbeiten, darf sich selten ausruhen, bekommt Stock- und Rutenhiebe, Peitschenschläge, Fußtritte.

Aufgabe 3:

- Missionare in den Kolonien wandten sich gegen die Sklaverei.
- Durch die Französische Revolution wurde eine Gleichbehandlung aller Menschen erreicht;
- Der Sezessionskrieg in den USA, wo die Nord- gegen die Südstaaten kämpften, hatte das Ziel der Abschaffung der Sklaverei.
- So wurde diese immer mehr verurteilt und es bildete sich in vielen Staaten Bewegungen gegen die Sklaverei.
- Auf dem Wiener Kongress 1815 wurde der Sklavenhandel verboten.
- Aber erst nach 70 Jahren endete dieser wirklich in fast allen Ländern der Erde. Mauretanien verbot die Sklaverei sogar erst 1980.

Sklavenhaltung

Aufgabe 4: *Beantworte die folgenden Fragen stichwortartig.*

1. Welche Rechte hatten Sklaven in Amerika?
2. Wie waren die Arbeitsbedingungen der Sklaven?
3. Wurde die Sklaverei nach Gründung der USA aufrechterhalten?
4. Wann entstanden in vielen Staaten Menschenrechtsbewegungen gegen die Sklaverei?
5. Was geschah 1815 auf dem Wiener Kongress?
6. In welchem Land wurde der Sklavenhandel zuletzt verboten?
7. Auch heute noch gibt es eine sogenannte moderne Sklaverei. Wieviel Menschen sind davon schätzungsweise betroffen?
8. Als moderne Sklaverei wird auch die Schuldknechtschaft bezeichnet. Welche weiteren Formen der moderen Sklaverei gibt es noch?

ON BOARD A SLAVE-SHIP.

Sklavenhaltung

Lösungen

Aufgabe 4:

1. Sie hatten keine Rechte, denn sie waren ja das Eigentum eines anderen Menschen.
2. Sie mussten sehr hart arbeiten, bekamen kaum Pausen. Sie bekamen Stock- und Peitschenschläge und Fußtritte, wenn sie nach Meinung ihrer Eigentümer zu langsam arbeiteten.
3. Ja, die USA hielten noch länger an der Sklaverei fest.
4. Sie begannen in der 2. Hälfte des 18. Jahrhunderts.
5. Der Sklavenhandel wurde weltweit verboten.
6. 1888 in Brasilien
7. Weltweit 40,3 Millionen Menschen sind davon betroffen und 24,9 Millionen Menschen leisten Zwangsarbeit.
8. Zwangsarbeit, Zwangsprostitution, Zwangsehen, Kinderarbeit, Kindersoldaten, illegale Gelegenheitsarbeit

Delegierte des Wiener Kongresses

Moderne Sklaverei

Aufgabe: *Füge die Nummern der fehlenden Textteile an den passenden Stellen ein.*

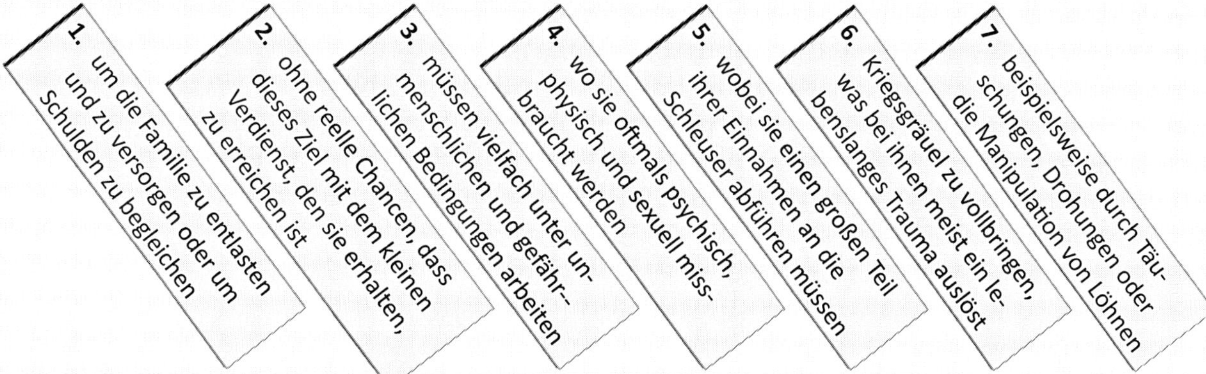

Schuldknechtschaft: Privatpersonen oder private Unternehmen vergeben Kredite zu überhöhten Zinsen an bedürftige Menschen. Häufig wachsen die Schulden durch die Zinsen schneller als sie zurückbezahlt werden können. Dadurch kann ein Verhältnis der Zwangsarbeit entstehen: Die Schuldner sehen sich gezwungen, ihre Schulden abzuarbeiten, ☐. Die Arbeit findet häufig unter schlechten Arbeitsbedingungen, Gewalt oder Gewaltandrohung statt. Schulden werden dabei auch über Generationen weitergegeben und bewirken dabei eine Form erblicher Sklaverei.

Zwangsarbeit: Zwangsarbeit meint jede Arbeit, die von einer Person gegen ihren freien Willen und unter Androhung einer Strafe verlangt wird. Die Zwangsmittel können offensichtlich sein, wie die Anwendung physischer Gewalt, aber auch subtiler, ☐. Beispielsweise werden große Teile des Lohnes als angebliche Kosten für die Unterbringung oder mit dem Hinweis auf noch nicht abbezahlte Kredite einbehalten.

Zwangsprostitution: Zumeist junge Mädchen und Frauen aus Osteuropa werden von organisierten Banden nach Westeuropa gelockt, indem man ihnen eine lukrative Arbeit etwa als Serviererin oder „Aupair" verspricht. Nach ihrer Ankunft werden ihnen hohe fiktive Beträge für ihre Einreise, eine Aufenthaltsbeschaffung etc. präsentiert. So geraten sie in ein Abhängigkeitsverhältnis von ihren Schleusern und werden zu Prostitution gezwungen, ☐, um so ihre angeblichen Schulden zu bezahlen. Aber auch durch körperliche Gewalt oder durch Verabreichung von Alkohol und Drogen können sie zur Prostitution gezwungen werden.

Zwangsehen: Obwohl in vielen Ländern Zwangsheiraten oder der Brautkauf kulturelle Praktiken sind, zählt die Zwangsheirat auch als eine Kategorie der modernen Sklaverei. Oftmals sind davon minderjährige Mädchen betroffen. In ärmeren Familien werden sie beispielsweise verkauft, ☐. In Kriegsgebieten werden bisweilen Mädchen entführt, misshandelt oder an Kämpfende verheiratet. Zwangsehen bedeuten für die Frauen in der Regel ein Leben voller Missbrauch und in Armut.

Kinderarbeit: Rund ein Viertel der modernen Sklaven sind Kinder. Viele von ihnen schuften auf landwirtschaftlichen Betrieben und Plantagen, etwa zum Anbau von Kakao oder Baumwolle. In Indien beispielsweise werden geschätzt 44 Millionen Jungen und Mädchen zur Arbeit in Steinbrüchen, Fabriken oder in der Landwirtschaft gezwungen. Rund 10 Millionen von ihnen sollen zwischen 5 und 14 Jahren alt sein. Kinder arbeiten auch als Hausangestellte bei wohlhabenden Familien, ☐. Hauptsächlich aus Gründen der Armut schicken Eltern ihre Kinder zur Arbeit.

Kindersoldaten: In Krisengebieten werden Kinder verschleppt und als Soldaten zwangsrekrutiert. Unter massiver Gewalt und Misshandlung werden die Minderjährigen dazu gezwungen, ☐.

Illegale Gelegenheitsarbeit: Für Gelegenheitsarbeiten, z. B. in der Landwirtschaft als Erntehelfer, werden vielfach Migranten ohne Aufenthaltsgenehmigung oder Arbeitspapiere eingesetzt. Vermittelt werden diese meist durch fragwürdige Arbeitsagenturen. Die Arbeiter erhalten sehr geringe Löhne, ☐, unentgeltliche Überstunden leisten, werden in mangelhaften Quartieren untergebracht und müssen sehr schwer arbeiten.

Stationenlernen KOLONIALISMUS
Sekundarstufe – Bestell-Nr. 12 786
KOHL VERLAG

Moderne Sklaverei

Lösungen

Aufgabe:

Schuldknechtschaft: Privatpersonen oder private Unternehmen vergeben Kredite zu überhöhten Zinsen an bedürftige Menschen. Häufig wachsen die Schulden durch die Zinsen schneller als sie zurückbezahlt werden können. Dadurch kann ein Verhältnis der Zwangsarbeit entstehen: Die Schuldner sehen sich gezwungen, ihre Schulden abzuarbeiten, ohne reelle Chancen, dass dieses Ziel mit dem kleinen Verdienst, den sie erhalten, zu erreichen ist. Die Arbeit findet häufig unter schlechten Arbeitsbedingungen, Gewalt oder Gewaltandrohung statt. Schulden werden dabei auch über Generationen weitergegeben und bewirken dabei eine Form erblicher Sklaverei.

Zwangsarbeit: Zwangsarbeit meint jede Arbeit, die von einer Person gegen ihren freien Willen und unter Androhung einer Strafe verlangt wird. Die Zwangsmittel können offensichtlich sein, wie die Anwendung physischer Gewalt, aber auch subtiler, beispielsweise durch Täuschungen, Drohungen oder die Manipulation von Löhnen. Beispielsweise werden große Teile des Lohnes als angebliche Kosten für die Unterbringung oder mit dem Hinweis auf noch nicht abbezahlte Kredite einbehalten.

Zwangsprostitution: Zumeist junge Mädchen und Frauen aus Osteuropa werden von organisierten Banden nach Westeuropa gelockt, indem man ihnen eine lukrative Arbeit etwa als Serviererin oder „Aupair" verspricht. Nach ihrer Ankunft werden ihnen hohe fiktive Beträge für ihre Einreise, eine Aufenthaltsbeschaffung etc. präsentiert. So geraten sie in ein Abhängigkeitsverhältnis von ihren Schleusern und werden zu Prostitution gezwungen, wobei sie einen großen Teil ihrer Einnahmen an die Schleuser abführen müssen, um so ihre angeblichen Schulden zu bezahlen. Aber auch durch körperliche Gewalt oder durch Verabreichung von Alkohol und Drogen können sie zur Prostitution gezwungen werden.

Zwangsehen: Obwohl in vielen Ländern Zwangsheiraten oder der Brautkauf kulturelle Praktiken sind, zählt die Zwangsheirat auch als eine Kategorie der modernen Sklaverei. Oftmals sind davon minderjährige Mädchen betroffen. In ärmeren Familien werden sie beispielsweise verkauft, um die Familie zu entlasten und zu versorgen oder um Schulden zu begleichen. In Kriegsgebieten werden bisweilen Mädchen entführt, misshandelt oder an Kämpfende verheiratet. Zwangsehen bedeuten für die Frauen in der Regel ein Leben voller Missbrauch und in Armut.

Kinderarbeit: Rund ein Viertel der modernen Sklaven sind Kinder. Viele von ihnen schuften auf landwirtschaftlichen Betrieben und Plantagen, etwa zum Anbau von Kakao oder Baumwolle. In Indien beispielsweise werden geschätzt 44 Millionen Jungen und Mädchen zur Arbeit in Steinbrüchen, Fabriken oder in der Landwirtschaft gezwungen. Rund 10 Millionen von ihnen sollen zwischen 5 und 14 Jahren alt sein. Kinder arbeiten auch als Hausangestellte bei wohlhabenden Familien, wo sie oftmals psychisch, physisch und sexuell missbraucht werden. Hauptsächlich aus Gründen der Armut schicken Eltern ihre Kinder zur Arbeit.

Kindersoldaten: In Krisengebieten werden Kinder verschleppt und als Soldaten zwangsrekrutiert. Unter massiver Gewalt und Misshandlung werden die Minderjährigen dazu gezwungen, Kriegsgräuel zu vollbringen, was bei ihnen meist ein lebenslanges Trauma auslöst.

Illegale Gelegenheitsarbeit: Für Gelegenheitsarbeiten, z. B. in der Landwirtschaft als Erntehelfer, werden vielfach Migranten ohne Aufenthaltsgenehmigung oder Arbeitspapiere eingesetzt. Vermittelt werden diese meist durch fragwürdige Arbeitsagenturen. Die Arbeiter erhalten sehr geringe Löhne, müssen vielfach unter unmenschlichen und gefährlichen Bedingungen arbeiten, unentgeltliche Überstunden leisten, werden in mangelhaften Quartieren untergebracht und müssen sehr schwer arbeiten.

Rassismus heute

!

Auch heute noch gibt es Rassismus, der sich häufig unterschwellig in Form der Ausländerfeindlichkeit äußert. Vor allem Migranten und Asylanten, die aus afrikanischen oder asiatischen Ländern mit einem anderen kulturellen Hintergrund kommen bzw. den Islam als Religion haben, sind davon betroffen.

Täglich erleben diese Menschen in Deutschland subtile Alltagsdiskriminierung über Hetze im Internet bis hin zu Gewalttaten. Ausländerfeindlichkeit bzw. Rassismus beinhaltet einerseits die Angst vor Überfremdung, sie dient aber auch der Aufwertung der eigenen Gruppe, beispielsweise ist man stolz, Deutscher zu sein. So wird das Selbstwertgefühl durch eine Abwertung und Ausgrenzung anderer Menschen aufgewertet, meist mit stereotypen Vorurteilen und Klischees gegenüber den „Fremden".

So muss man sich nicht die Mühe machen, auf Migranten und Asylanten zuzugehen, und versuchen, ihren kulturellen Hintergrund zu verstehen. Denn Rassismus erklärt die Welt ja ganz einfach: Menschen lassen sich in gut und böse, in besser und schlechter einteilen. Das macht rassistische Parolen so gefährlich und Zivilcourage, gegenseitige Achtung und Offenheit so wichtig.

Fast alle Mitgliedsstaaten der EU haben Gleichstellungsbehörden oder Antidiskriminierungsstellen eingerichtet, deren Aufgabe es ist, rassistischer Diskriminierung auf nationaler, regionaler und lokaler Ebene vorzubeugen und zur Bekämpfung von Rassismus beizutragen. In Deutschland ist das auf Bundesebene die Antidiskriminierungsstelle des Bundes.

Aufgabe 1: *Wie erklärst du dir, dass heute noch Formen von Rassismus existieren, auch in Deutschland? Nenne mögliche Gründe dafür.*

Aufgabe 2: *In Europa wird versucht, Diskriminierung und Rassismus zu begegnen. Auf welche Weise geschieht das?*

Rassismus heute

Lösungen

Aufgabe 1: Rassismus äußert sich heutzutage meist in Ausländerfeindlichkeit. Die Angst vor Überfremdung ist hierfür ein Grund. Aber sie beinhaltet auch das Gefühl, durch die Abwertung und Ausgrenzung anderer Menschen die eigene Gruppe, der man angehört, aufzuwerten. Stereotype Vorurteile und Klischees gegenüber Ausländern spielen dabei eine wesentliche Rolle. Das erspart einem, auf Migranten und Asylanten zuzugehen und ihren kulturellen Hintergrund zu verstehen. Rassismus zeigt sich so nun nicht mehr als Ausgrenzung von Menschen mit anderer Hautfarbe, sondern wird bestimmt von Vorurteilen gegenüber Menschen mit anderem kulturellen Hintergrund bzw. anderer Religion.

Aufgabe 2: Gleichstellungsbehörden bzw. Antidiskriminierungsstellen wurden in fast allen Ländern der EU geschaffen. Sie sollen Rassismus vorbeugen, z. B. durch Aufklärungskampagnen, und schreiten aktiv ein, wenn es zu rassistischer Diskriminierung kommt. In Deutschland ist das auf Bundesebene die Antidiskriminierungsstelle des Bundes.

Rassismus heute

Aufgabe 3: *Setze die Begriffe an die richtigen Stellen im Text.*

Zivilcourage – übergestülpt – unterschwelligem – akzeptiert – einfach – Diskriminierung – afrikanischen – Normen – Vorurteile – böse – nachdenken – Hintergrund – Überfremdung – Rassismus – Probleme – öffentliche

Ausländerfeindlichkeit äußert sich heute vielfach in ____________________ Rassismus. Asylanten aus ______________ Ländern sind davon besonders betroffen. Ihr kultureller ______________ bzw. ihre Religion wird nicht verstanden bzw. ______________. So entsteht ______________ und Hetze ihnen gegenüber vor allem im Internet. Dabei werden meist stereotype ____________ und Klischees den Migranten ____________. Gründe hierfür sind die Angst vor ______________, aber auch, sich selbst so aufzuwerten. Auch muss man sich nicht bemühen oder darüber ______________, welches Verhalten und welche __________ in den Herkunftsländern der Migranten gelten, wenn die Welt in gute, schlechte und ________ Menschen eingeteilt wird. Der so erzeugte unterschwellige ____________ erklärt soziale und wirtschaftliche ____________ also scheinbar ganz __________. Daher ist es dringend notwendig, mit ______________ dagegen vorzugehen. Für eine ____________ Bekämpfung des Rassismus gibt es die Antidiskriminierungsstelle des Bundes.

Stationenlernen KOLONIALISMUS
Sekundarstufe – Bestell-Nr. 12 786
KOHL VERLAG

Rassismus heute

Lösungen

Aufgabe 3: Ausländerfeindlichkeit äußert sich heute vielfach in unterschwelligem Rassismus. Asylanten aus afrikanischen Ländern sind davon besonders betroffen. Ihr kultureller Hintergrund bzw. ihre Religion wird nicht verstanden bzw. akzeptiert. So entsteht Diskriminierung und Hetze ihnen gegenüber vor allem im Internet. Dabei werden meist stereotype Vorurteile und Klischees den Migranten übergestülpt. Gründe hierfür sind die Angst vor Überfremdung, aber auch, sich selbst so aufzuwerten. Auch muss man sich nicht bemühen oder darüber nachdenken, welches Verhalten und welche Normen in den Herkunftsländern der Migranten gelten, wenn die Welt in gute, schlechte und böse Menschen eingeteilt wird. Der so erzeugte unterschwellige Rassismus erklärt soziale und wirtschaftliche Probleme also scheinbar ganz einfach. Daher ist es dringend notwendig, mit Zivilcourage dagegen vorzugehen. Für eine öffentliche Bekämpfung des Rassismus gibt es die Antidiskriminierungsstelle des Bundes.

Nationalisten auf Korsika übersprühen die französischen Namen auf Straßenschildern.